SUBORDINATION AUTORITÄT PSYCHOTHERAPIE

EINE STUDIE VOM STANDPUNKT DES KLINISCHEN EMPIRIKERS

VON

PROFESSOR DR. **ERWIN STRANSKY**
WIEN

WIEN
VERLAG VON JULIUS SPRINGER
1928

ISBN-13: 978-3-7091-5156-3 e-ISBN-13: 978-3-7091-5304-8
DOI: 10.1007/978-3-7091-5304-8

Inhaltsverzeichnis

I. Grundsätzliches zu den modernen Richtungen in der Psychopathologie

Wer heutzutage über Probleme des gesunden oder des kranken Seelenlebens handelt, sieht sich vor allen Dingen vor die Frage gestellt, welche Haltung er gegenüber der neueren Seelenforschung und ihren verschiedenen Richtungen beobachte. Ich will zu dieser Hauptfrage — obwohl ich sie zum Teil schon bei anderen Gelegenheiten beantwortet habe — sogleich Stellung nehmen, und zwar mit aller Präzision und Kürze: Nach meiner Überzeugung, von der ich wohl weiß, daß sie ein Abgrund von jener der jüngsten Psychiatergeneration trennt, ist der Nutzen der neueren Psychologie annoch nicht so groß und nicht so eindeutig, als daß sie ein Recht hätte, den alleinigen Bewertungsmaßstab für Studien auf seelenkundlichem Gebiete abzugeben; einstweilen hat auch noch ein Psychiater, der allen diesen neueren Richtungen fernesteht oder, besser gesagt, sich ihrer Ergebnisse nur fallweise und nach seinem Ermessen eklektisch bedient, der also weder schulgerechter Phänomenologe noch Erkenntnistheoretiker, weder sogenannter Denkpsychologe noch Individualpsychologe noch Psychoanalytiker ist, sondern dem die schlichte Sprechstunden- und Krankenbettpsychologie, dank der Wernicke, Kraepelin, Wagner-Jauregg, Bleuler, Bonhöffer und viele andere Meister so viel wesentliche Erkenntnisse zutage gefördert haben, vollauf genügt, das Recht, zu reden, zu schreiben und die Ergebnisse seiner Studien mit Ernst geprüft zu sehen. Diesen Anspruch — nicht weniger, nicht mehr — erhebt auch die vorliegende Arbeit, das Ergebnis jahrelanger, auf eine Vielheit von Kasuistik gestützter Erfahrungen und Erwägungen. Ihre Ergebnisse bestätigen gewiß vieles, was längst bekannt, zum Teil vielleicht sogar zu Unrecht schon obsolet geworden; sie dürften aber da und dort auch manches Neue bringen, an Tatsachen wie an Gedanken. Ob diese letzteren vor dem Forum der psychologischen Moderne bestehen können oder nicht, ist mir ungeachtet der selbst von einem so sehr durchgeistigten Kliniker wie Berze nicht restlos anerkannten Ansprüche, womit dieselbe heutzutage der Klinik Vorschriften zu machen pflegt (Kritik bei mir, Bleuler, Bumke, Kleist und anderen; verhältnismäßig wohltuend, wenn auch von einem grundsätzlichen Gegner meines Standpunktes herstammend, die Darstellung Kronfelds), im allgemeinen gleichgültig. Ich schreibe als schlichter Empiriker für die reinen Kliniker und Polikliniker, ich schreibe anderseits als reiner Kliniker und Polikliniker auch ein Stück angewandter Psychopathologie, wie ich sie verstehe, ganz gleichgültig, ob modernistische Kritik derlei gutheißt oder nicht. Von dieser Seite her, das ist mir wohl bewußt, hat diese Studie kaum etwas anderes als Ablehnung, Geringschätzung oder Nichtbeachtung zu gewärtigen. Den reinen Klinikern und Poliklinikern aber wird ihre Lektüre vielleicht etliche Anregungen bringen, wenngleich mir klar ist, daß sie auch in ihren Reihen manchen Widerspruch herausfordern wird; aber das ist am Ende unvermeidlich. Und noch eines: vom Standpunkte des empirischen, klinisch-poliklinischen Praktikers aus versuche ich auch diesmal allgemein menschliches Geschehen und seine Gestaltungen zu verstehen; zünftige Soziologen werden daran gewiß Anstoß nehmen, werden mir Inkonsequenz vorwerfen, werden finden, daß ich als praktischer Arzt dazu nicht berufen sei, werden, was ich vorbringe, vielfach platt, oberflächlich, selbstverständlich und an anderen Stellen wieder falsch und schief finden. Ich kenne auch diese Diktionsart zur Genüge, beharre aber ihr gegenüber darauf, daß der Arzt, der Medizin nicht bloß als Handwerk betreibt, sondern die am Krankenbett und in der Sprechstunde erworbenen Kenntnisse von der Menschenseele denkend oder intuitiv weiter verwertet, auf seine Art das nämliche Recht hat, in soziologischen Dingen mitzusprechen wie der geisteswissenschaftliche Menschheitsforscher; und daß seine Erkenntnisse und Gedanken, auch wenn sie „erkenntnistheoretisch" nicht hieb- und stichfest scheinen mögen, die Kenntnis menschlicher Zusammenhänge und ihrer Mechanismen auf ihre Art sehr wohl zu fördern vermögen. Dieses allgemeine Recht darf dem Arzte nicht abgesprochen werden, da niemand tiefere Blicke in die Menschenseelen tut als der mit etwas Intuitionsgabe bedachte ärztliche Praktiker, zumal wenn er Neurologe und Psychiater ist; derlei Dilettantismus zu nennen, wie es manche Philosophen, Berufspsychologen, Berufssoziologen und leider auch manche modernistisch eingestellte Ärzte zuweilen tun, bedeutet eine starke Übertreibung; zum Glück aber sind nicht alle Ethnologen und Soziologen, nicht alle Geisteswissenschaftler überhaupt derart exklusiv eingestellt. Die Menschheitskunde könnte jedenfalls von uns ärztlichen Praktikern, von unseren Erfahrungen und Erwägungen noch recht viel hinzulernen. Ob dies auch von den Ergebnissen dieser Studie gilt, das zu beurteilen ist freilich nicht meine Sache; darüber mögen meine Fachgenossen, soweit sie auf dem Boden der reinen Klinik und Poliklinik im Sinne unserer großen Meister stehen, als die kompetentesten Kritiker urteilen; ihrem Urteile seien diese Zeilen unterbreitet. Das bedeutet nicht, daß ich nicht von den Soziologen vieles gelernt hätte, daß ich nicht vieles Modernpsychologische außerordentlich hoch bewertete. In Ehrfurcht beuge ich mich vor Nietzsche, dem trotz vieler Irrtümer und Schiefheiten vielleicht größten und tiefsten Denker, den ich kenne, Respekt empfinde ich, wenngleich weit entfernt davon, etwa sein Anhänger zu sein, vor der Tiefenforschung eines Freud, dem wir alle so sehr viel verdanken, nicht wenig Anregung danke ich auch gleich uns allen den gehaltvollen Lehren Alfred Adlers, manches den praktische Menschenkenntnis verratenden Darlegungen Neutras, obgleich ich auch von ihnen allen das meiste entschieden ablehne; die drei letztgenannten sind ja auch am Ende von der Klinik oder der Poliklinik hergekommen! Vieles habe ich aus

Thurnwalds, A. Fischers und Runzes Abhandlungen in Kafkas Handbuch, habe ich von Max Weber, O. Spann, Fritz Lenz und nicht zuletzt von dem viel zu früh dahingegangenen G. Roffenstein gelernt. Auf sie stütze ich mich in vielen Belangen.

Indes, bei aller Ablehnung nicht zuletzt der ganzen Terminologie und der eigenartigen Sprachneologismen, wie sie uns die neueren Richtungen gebracht haben, das eine Verdienst muß ihnen gerechterweise zugebilligt werden, daß sie uns zur Hingabe an eine Reihe psychologischer und psychopathologischer Probleme veranlaßt haben, die man bis dahin, wenn auch vielleicht nicht implizite, so doch explizite einigermaßen stiefmütterlich behandelt hatte. Man hatte sich in der Psychopathologie vielfach gewöhnt, mit gewissen Begriffen und noch mehr mit gewissen unklar umgrenzten, oft mehr gefühlsmäßig umgrenzten Erfahrungen zu operieren, ohne über deren innerste Struktur sich restlos und klar Rechenschaft abzulegen. Von solchen Unklarheiten hat schon Bleuler in seinem bekannten Buche über das autistisch-undisziplinierte Denken in der Medizin treffende Beispiele beigebracht und sie ebenso treffend charakterisiert. Von der präanalytischen Ära insonderheit muß man schon sagen, daß man da denn doch zu wenig bestrebt war, sich vor Augen zu halten, daß hinter der Oberfläche des Bewußtseins noch recht viel sein müsse, daß man ungeachtet der Gleichzeitigkeit der tiefschürfenden Nietzscheschen Seelenkunde, in der so viele grundlegende Lehren Freuds und Adlers schon im Keime enthalten sind — dies gibt ein Psychoanalytiker wie H. Hartmann neuerdings durchaus zu —, der Gegebenheiten des Halb- und Vor-, des Unklar- und, wenn man so will, Unbewußtseins zu wenig geachtet hat; und dies, wiewohl die Klinik zumal der Triebzustände einerseits, der Ausnahms- und Dämmerzustände anderseits schon in der Zeit vor dem Auftreten Breuers und Freuds vielfach recht deutliche Winke mit dem Zaunpfahl gegeben hatte; ebenso konnten aus dem Darwinschen Werke über den Ausdruck der Gemütsbewegungen Anregungen in dieser Richtung erfließen. Das Verdienst, uns für diese Dinge so recht erst interessiert zu haben, kann der Initiative Freuds und seiner Nachfolger unmöglich abgesprochen werden (Breuers natürlich nicht zu vergessen!); sie hat der Auffassung, daß die psychischen Phänomene nicht lediglich ihrer äußeren Erscheinungsform nach beurteilt werden dürften, so recht erst zum Durchbruche verholfen, einer Auffassung, die heute so ziemlich Gemeingut der Klinik geworden ist. Diesen Umstand und überdies den heuristischen Wert und in nicht wenigen Stücken auch den Tatsachengehalt der Freudschen Lehren anzuerkennen, ist Pflicht auch und gerade desjenigen, der im übrigen den Spuren dieser Richtung absolut nicht zu folgen vermag, insbesondere nicht wegen der Überschätzung des Sexualfaktors und wegen der Schrankenlosigkeit der Deutungsmethodik, überhaupt aber auch wegen der Überschätzung der Bedeutung der so polymorphen Inhalte des Bewußtseins (und der Unterschätzung des formalen Geschehens in ihm), letzten Endes der psychischen und individualhistorischen Faktoren als solcher; sekundäre psychische, insonderheit sekundäre Libidobesetzungen dürfen eben nicht für Primäres genommen werden. Ohne diese Grundgebrechen würde der ursprünglich keineswegs willkürlich-spekulative, vielmehr solider klinisch-physiologischer Fundierung entsprossene Charakter der Freudschen Lehre klar zutage treten, kam doch am Ende Freud ganz wie sein erster Mitarbeiter Breuer von der Klinik her. Hier mußte von diesen Dingen nicht zuletzt darum die Rede sein, weil eine der Aufgaben dieser Studie gerade darin gipfelt, aufzuzeigen, wie in bestimmten seelischen Komplexbereichen neben und hinter den Sexualmomenten und oft ohne sie transsexuale Faktoren die Hauptrolle spielen.

II. Subordination und Autorität. Die SAR im allgemeinen und besonders im Verhältnisse zwischen Jugend und Erwachsenen

Wer als Arzt die Seele seiner Kranken nicht vernachlässigt, kommt um eine Grundtatsache nicht herum, die, man mag in seiner psychologischen, insonderheit aber psychotherapeutischen Einstellung wie immer orientiert sein, als ein Wesensmoment sich in den Vordergrund drängt; es ist die Tatsache, daß eine fruchtbare Beziehung zwischen dem Arzt als Helfer und dem Kranken als Hilfsbedürftigen nicht möglich ist, ohne daß beide Teile, jeder in seiner Weise, zueinander in eine bestimmt seelische Beziehung treten, in eine Relation, deren Kopfstationen in dem Subordinationsbedürfnisse des Klienten unter den Arzt und dem wie immer strukturierten Autoritätsstreben des Arztes über ihn aufscheinen: daß man diese Relation nicht einfach als Hörigkeitsrelation im geläufigen Sinne bezeichnen kann, soll an späterer Stelle gezeigt werden. Natürlich kann man hinter der S-Tendenz wie hinterm A-Streben dem Spiel des Lust-Unlustmechanismus als eines grundlegenden Triebregulators nachspüren; doch das ist nicht das engere Thema dieser Abhandlung. Jene seelische Linie nun, welche Arzt und Klienten verknüpft, die das wichtigste Vehikel ist, ohne die keine, vor allem aber keine seelische Medizin zu fruchtbringender Wirksamkeit gelangen kann, muß daher in jedem entsprechenden Falle irgendwie gefunden werden, gefunden von beiden Teilen; solange sie nicht gangbar ist, solange der Klient nicht das innere Bedürfnis der Unterordnung unter den Arzt — sei es auch natürlich meist nur der Unterordnung in umgrenztem Maße — und der Arzt nicht das bei ihm natürlich entsprechend schwächere, weil geteiltere und um etliche Grade unpersönlichere Bedürfnis nach Geltung (über den Unterschied zwischen morbider, insonderheit hysterischer Geltungssüchtigkeit und an sich durchaus nicht als pathologisch zu wertender Geltungsbedürftigkeit handelt besonders Aschaffenburg; vgl. auch die früheren Ausführungen von Jaspers und von K. Schneider), nach Autorität über seinen Klienten empfindet bzw. nicht in sich gefunden hat: so lange bleibt in der Regel jeder tiefere, ·durchgreifendere und anhaltendere Effekt zumal seelischer

Behandlung (und solche ist oft genug auch ein wesentlicher Bestandteil einer als somatisch aufscheinenden Therapie) aus. Das gilt, wie betont, nicht nur vom Kranken, sondern auch vom Arzt: Wer da lustlos, ohne Interesse für den Fall behandelt (aus sachlichen oder aus persönlichen Gründen, etwa aus unüberwindbarer Antipathie gegen die Person oder die Umwelt des Klienten), zumal psychotherapeutisch behandelt, wird auch bei größter Verstellungsgabe auf die Dauer nicht imstande sein, das fehlende Geltungsbedürfnis gegenüber dem Patienten durch irgend etwas anderes mit der richtigen inneren Festigkeit und Folgerichtigkeit zu ersetzen, wird die Zügel alsbald, oft kaum merklich — vom Klienten aber oft alsbald halbbewußt gefühlt — am Boden schleifen lassen und damit jene oben gekennzeichnete seelische Verbindungslinie, jenen seelischen Kontakt verlieren, ohne den es in der Psychotherapie nicht geht, trotz oft klettenhafter Anklammerung seitens des Klienten; eine Erfahrung, die wohl jeder Arzt an sich gemacht hat. Ich möchte der Kürze halber diese Linie hier wie im folgenden als Subordinations-Autoritäts-Relation (Sigel: SAR) bezeichnen.

Nun ist der Sonderfall der SAR im Verhältnisse Arzt:Klient unzweifelhaft einer aus der undenklichen Mannigfaltigkeit gleicher und verwandter seelischer Relationen zwischen Mensch und Mensch. Diese Beziehungen in ausgedehnterem Maße zu behandeln, ist natürlich hier nicht der Ort; es ist das ja kein rein medizinisch-psychologisches, sondern ein mehr soziologisches Fragegebiet. Zwar darf — siehe früher — meiner Überzeugung nach dem Arzte eine gewisse Kompetenz in derlei Fragen nicht abgesprochen werden; allein diese vorliegende Abhandlung will sich, fußend auf dem Boden ärztlicher und ärztlich-psychologischer Empirie und von ihr ausgehend, mit diesem Fragegebiet nur befassen, um in dessen Rahmen letzten Endes die SAR zwischen Arzt und Klient verstehen und erfassen zu können, als jenen Sonderfall, der die Anregung zu dieser ganzen Untersuchung gab und zu dem wir am Ende zurückkehren werden. Wir wollen uns aber vorerst mit der SAR im allgemeinen befassen.

Spielt die SAR in der seelischen Ontogenese des Einzelindividuums eine entscheidende Rolle? Ist unter menschlichen Verhältnissen — tierische sollen nur fallweise zum Vergleiche miterwähnt werden — individuell-ontogenetisch verstanden das Zuerstgegebene eine seelische Innentendenz zur Gleichordnung mit allen anderen als menschliche Individuen angesehenen bzw. gefühlten Personen? Oder zeigt sich schon frühzeitig, gleichsinnig mit der Gewinnung einer seelischen Einzelpersönlichkeit, eine seelische Tendenz zur Gewinnung einer SAR gegenüber anderen oder doch wenigstens bestimmten anderen Individuen? Diese Frage aus der ontogenetischen Individualpsychologie soll uns zunächst beschäftigen.

Verhältnismäßig einfach und eindeutig beantwortet sie sich, wenn man zunächst das seelische Verhältnis des Kindes zum Erwachsenen ins Auge faßt; selbstredend kann von einem solchen Verhältnis in differenzierterem Sinn erst von jenem Zeitpunkte an gesprochen werden, da die Ganzheit des Komplexes „Erwachsener" als Ausdruck eines anderen Individuums in der Seele des Kindes, sei es auch zunächst mehr der „Psychoide" im Sinne Bleulers, denn als klar umrissene, mehr minder stark gefühlsbesetzte Vorstellungsverbindung vor dem Auge des Kindes steht. Ist dies letztere aber einmal der Fall, dann stellt sich in der Regel die SAR im Sinne Kind-S zu Erwachsenem-A schon aus Gründen der physischen Überlegenheit des letzteren recht frühzeitig ein, zwischen Eltern und Kind bzw. Erzieher und Kind übrigens recht bald auch durch die regelmäßigen funktionalen Beziehungen der Nistung und Atzung, des Schutzes und der Züchtigung und die dadurch gesetzten affektstarken Bewußtseinsengramme besonders fixiert. Diese Gruppe Erwachsener, in entsprechendem Abstande davon auch andere Erwachsene (ältere Geschwister zumal; das Kind weiß übrigens die Erwachsenen in ihren funktionalen und Machtbeziehungen ihm gegenüber wie untereinander, weiß — frei im Sinne von Schjelderup-Ebbe — die „Hackordnung" der Erwachsenen ihm gegenüber wie untereinander oft schon recht frühzeitig abzuschätzen, und es stimmt sich darnach auch die SAR zwischen ihm und ihnen ab) werden vom Kinde mit einer Art „Charisma" (siehe über diesen Begriff bei Max Weber) ausgestattet, dessen gefühlsmäßige Nachwirkungen oft noch in späteren Lebensperioden hindurchklingen, wo der fromme Kinderglaube rein rationalistisch längst abgebaut ist (denn Freud und Adler haben im allgemeinen sicherlich recht, wenn sie von der Ausstrahlung kindlicher Verhaltensweisen und gefühlsbetonter Kindheitserlebnisse ins spätere Lebensalter hinein sprechen).

Es erhellt ohne weiteres, daß insbesondere die Rolle des Vaters in jeder vaterrechtlich fundierten Gesellschaft eine im Sinne der SAR dem Kinde gegenüber besonders scharf markierte sein muß, wiewohl in nicht wenigen Fällen, in gewissen sozialen Schichten im Anfange sogar besonders häufig, vorübergehend die Mutter oder andere ältere Familienmitglieder als eindringlicher überlegen gefühlt und auch vorgestellt und daher vor allen Dingen der seelischen Unterordnung des Kindes teilhaftig werden. Es ist aber von Bedeutung, daß diese Einstellung der SAR vielfach alsbald Ablenkungstendenzen ausgesetzt ist, daß sich im seelischen Kräfteparallelogramm (siehe über diesen Begriff in einer meiner Arbeiten) des Kindes früher oder später Verschiebungstendenzen zeigen, welche die Resultierende von dem oben gewürdigten Charismakomplex bzw. der darauf fundierten SAR-Linie in der Seele des Kindes abzulenken streben; die Autorität der Eltern, der Erzieher, der „Großen" überhaupt wird mehr und mehr als Druck gefühlt und konsekutiv auch vorgestellt, gegen dessen fatalistisch-unabänderliche Legitimität sich ein Gegendruck in der Seele des Kindes emporzuringen strebt; dieser Vorgang vollzieht sich bald mehr latent, halbbewußt, bald mehr manifest, letzteres zumal, je näher die Pubertät heranrückt (vgl. bei Kretschmer, Ch. Bühler, Spranger u. a.). Er bewirkt einen je nach der individuellen Artung des Kindes und der Artung seiner Umwelt bzw. der Erziehungseinflüsse sehr verschieden sich gestaltenden Kampf, der in der einen Gruppe von Fällen für längere Zeit oder gar für immer aus den Oberschichten des Bewußtseins verdrängt wird und letzterenfalls oft in allerlei seelischen Verwandlungsprodukten zum Vorschein kommt, in der anderen Gruppe in mehr weniger stürmischer Weise manifest ausgefochten wird, in einer für gewisse Lebensabschnitte vieler Individuen geradezu charakteristischen Weise zum offenen Konflikt der Kinder mit den Eltern, vor allem des Sohnes mit dem Vater führend. Bekanntlich werden diese Vorkommnisse von der analytischen Schule in sexualistischem Sinne, vor allem in jenem der Wirksamkeit des sogenannten Ödipuskomplexes gedeutet; eine Deutung, die nach meiner Anschauung lediglich einem kleinem Bruchteile der Fälle gerecht wird, indes in der überwiegenden Mehrzahl die Auflehnung der Jungen wider die Erzeuger mit Sexualität nichts zu tun hat, vielmehr etwas durchaus Transsexuales (siehe über diesen Terminus bei mir) bedeutet, nämlich eine der Manifestationen des von der Präpubertät an mehr minder ungestüm hervorbrechenden individuellen Freiheitsdranges gegen den Zügel der Familie, die Fessel der Schule, jeder Disziplin, jeder Gebundenheit, jedes Herkommens überhaupt. Dabei braucht — wie überhaupt und im allgemeinen — A keineswegs immer ein männliches, S ebensowenig immer ein weibliches Vorzeichen zu tragen; wenn auch gewiß der A-Träger häufiger männlichen, die Mehrzahl der S-Repräsentanten im Leben dagegen weiblichen Geschlechtes zu sein pflegen. Die Antinomie, die in jedermanns Seele ist, bei Kultivierten wie bei Primitiven (Book), die Antinomie zwischen Sozial- und Individualinstinkten und -trieben, sie pflegt eben, wenn auch in ihren ersten Äußerungen schon viel, viel früher, vielleicht schon im Beginne der seelischen Ontogenese erwachend, vom Präpubertätsalter an zum ersten Male besonders mächtig hervorzubrechen. Aus eigener, ziemlich früh einsetzender innerer Erfahrung[1]) dieser und anderer Art wie aus der Kenntnis gleichsinnigen Erlebens anderer heraus weiß ich, daß da solcher Drang nach Freiheit, nach tunlichst schrankenloser Ichbetätigung jedes sexuellen Beiklangs, insonderheit jeder ödipuskomplexähnlichen Färbung vollkommen entbehrte, nichts davon an sich hatte, daß er sich ganz gleichmäßig gegen beide Elternteile, soweit sie ihn zu zügeln bemüßigt waren, kehrte, ganz ebenso wie gegen Lehrer, Erzieher, Höhere welcher Art immer, soweit sie ihm wehrten[2]). Diese heute noch recht lebendig vor dem geistigen Auge des Verfassers stehenden Seelenvorgänge haben un-

[1]) Verfasser vermag sein Innenleben in Spuren und Inseln vom Beginn des dritten und so ziemlich in geschlossener Linie von der Mitte des vierten Lebensjahres an zu verfolgen.

[2]) In greifbar lebendiger Erinnerung stehen dem Verfasser die Tage vor der Pubertät und während dieser, da er in der väterlichen Bücherei heimlich das bürgerliche Gesetzbuch durchmusterte, um jene Bestimmungen ausfindig zu machen, die von den Grenzen der elterlichen Gewalt über die Kinder handeln, wobei für ihn nicht etwa nur die väterliche Gewalt in Frage kam, sondern fast mehr noch die Rechte der Mutter, die er, ob der konservativeren pädagogischen Tendenzen dieses Elternteiles, übrigens

zweifelhaft ihr Analogon in zahlreichen, zumal in partiell etwas frühreifen Jungenseelen, haben aber ein solches unzweifelhaft auch schon in den Seelen heranwachsender Tiere (verwiesen sei nur kurz auf die interessanten Arbeiten von Katz und von Schjelderup-Ebbe), deren freiheitslüsterne Individualtriebe oft erst durch den Züchter oder — in Freiheit — durch Leittiere bzw. „Despoten“ (das Wort im Sinne der zitierten tierpsychologischen Autoren gebraucht) gebändigt werden müssen. Immer wieder haben wir es da mit dem Komponentenspiel der beiden gegensätzlichen Triebhaltungen, der sozialen und der individualen, zu tun. Welcher der beiden Triebe obsiegt, hängt von Erziehung und von genereller oder individueller Artung, beim Menschen sicherlich auch sehr von Erlebensschicksalen ab. Beide Triebhaltungen aber sind, wie ich in voller Übereinstimmung mit Ch. Bühler unter anderem betonen möchte, asexual, transsexual, die individualistisch wirkende Freiheitstendenz sowohl wie die ältere und allgemach auch ontogenetisch meist die Oberhand behaltende Sozialtendenz; zwischen letzterer und der SAR besteht eine unlösliche Verbindung.

Ganz jenseits und abseits nun von der bisher abgehandelten Art SAR, deren hier mehr transsexual als sexualistisch gewertete Antithese die rebellische Auflehnung im Innern oder aber im Innern und nach außen hin abgibt, keimt, wie jene, die auf frühe Selbstbeobachtung der eigenen seelischen Ontogenese zurückblicken, recht gut wissen, nach und nach, oft geradezu in Opposition zum „Vaterkomplex“, mindestens aber unabhängig von ihm, ein mehr oder weniger deutlich empfundenes und allmählich wieder in eine Art SAR auslaufendes Hingezogenwerden zu bestimmten dritten Persönlichkeiten in der Kinderseele um so kräftiger, je näher das Pubertätsalter heranrückt, in dem hier gemeinten Falle aber wiederum ohne jedwede erweisliche oder im Bewußtsein früher oder später deutlich werdende Sexualerlebens-

---

gleich zahlreichen Jungen womöglich noch drückender empfand! Elterliche Gewalt in jeder Gestalt erschien seinem damals innerlich unbändigen, wenn auch äußerlich beherrschten Freiheitsdrange wie eine kaum tragbare, ja schmachvolle Sklavenfessel; aber von auch nur entfernt angedeuteten Sexualregungen — solche waren bereits vorhanden, ihre Zielrichtung klar markiert, aber völlig disparater Art — war in alledem auch nicht die leiseste Spur, die einzige „noopsychische“ Determinante in diesem vorwiegend natürlich thymopsychischen Komplex stellte das unklar verarbeitete klassische Freiheitsheldenideal der Gymnasiastenseele dar und ein daran orientierter nebuloser Jungmannesehrbegriff; vielleicht auch die echt schülerhaft ehrgeizige, wieder jedes, aber auch schon jedes sexualen Untertones völlig bare Bedachtnahme auf die Wahrung des eigenen Platzes in der — sit venia verbo — Familienhackordnung, die dem Gef. einen gegenüber den viel älteren Geschwistern weit hinten gelegenen Platz anwies und als quasi Entgelt gegenüber im Alter wenig abstehenden Nichten und Neffen einen allerdings mehr theoretischen Vortritt als „Oheim“ einräumte, den der Gef. durch die von ihm unerträglich drückend empfundene Tatsache seines Seinmüssens unter elterlicher Gewalt und elterlicher Züchtigungsbefugnis immer wieder bedroht wähnte.

beziehung; von den in diesen Jahren so sehr häufigen sexual gefärbten Fühlsregungen, auch zu Personen des gleichen Geschlechtes, läßt sich jene Art inneren Erlebens sogar recht gut abgrenzen; sind doch meist schon die Objekte der einen wie der anderen Art Zuneigung völlig andere Individuen (nicht selten sind diese Objekte gar nicht lebende oder doch nicht in der Reichweite lebende Personen, sondern Figuren der Lektüre!). Diese hier gemeinten Personen nun können sehr verschiedenen, will sagen gleichen oder höheren Alters sein, können des gleichen oder anderen Geschlechtes sein, wenngleich, zumal bei Knaben, der Träger von A und jener von S hier meist gleichen Geschlechtes sind; die Gefühlsregungen, die der S-Träger dem A-Träger entgegenbringt, haben für gewöhnlich den Charakter einer starken, halb freiwilligen, halb als zwangsläufiger Tropismus und doch als erlösend empfundenen Tendenz zur klientenhaft-gefolgschaftlichen Unterordnung unter den A-Träger; sie können in Extremfällen zur Hörigkeit führen, doch kommt es im allgemeinen nicht so weit[1]). Der Anschluß an derlei Träger der A wird nun, und das erscheint mir ein recht wesentliches Moment, nicht selten mit einem bestimmt gerichteten Unterton gefühlsmäßig besetzt: es ist die Note des Geborgenseins, des Zufluchtzustandes, des Asylischen, und es schwingt der Gefühlston und mit ihm das mehr minder unklare Bewußtsein einer inneren Unsicherheit und Minderwertigkeit mit, die irgendwie der Anlehnung bedarf; einer Anlehnung, die unter Umständen betontes inneres Bedürfnis sein kann, angesichts jenes besonderen subjektiven Unterlegenheitsgefühles, wie es gerade im Rebellionsstadium gegenüber den A-Trägern der Gruppe: Eltern = Erzieher (bzw. deren Äquivalentpersonen) empfunden zu werden pflegt. Andere Male wiederum aber herrscht in jener Anlehnungstendenz, von der hier die Rede ist, wenigstens phänomenologisch mehr das Bedürfnis nach „Gefolgschaft" gegenüber einer als „Führer" freiwillig anerkannten Persönlichkeit vor, in welchem seelischen Bedürfnisse sich freilich auch — wenngleich verdeckt — das innere, oft nur unklare Wissen um eine relative subjektive Identifizierung kundgibt, natürlich nicht als alleiniges Motiv. Unzweifelhaft spielen Sozialtriebe, als vermenschlichte Abkömmlinge des tierischen Herdeninstinktes, der sich bekanntlich bereits hierarchisch orientiert, dabei entscheidend mit; zutiefst jedoch sind bei der jedesmaligen Erstellung dieser SAR-Relation zweifellos immer wieder mehr weniger unklare Minderwertigkeitskomplexe auf Seiten der S-Träger mit im Spiele, deren Aufzeigung bei so vielen Neurotikern sicherlich ein Verdienst A. Adlers ist, ja, die gewiß über das Neurotische hinaus wirksam sind; diese Feststellung bedingt natürlich nichts weniger als etwa eine Anerkennung der Adlerschen Lehren in ihrer Totalität, von der Verfasser vielmehr recht weit entfernt ist.

Die A-Träger dieser freiwilligen, gefolgschaftlichen S rekrutieren sich hier aus sehr verschiedenen Schichten: nicht selten sind es Lehr-

---

[1]) Psychologisch gut geschildert hat diese Verhältnisse Frenssen in der Darstellung der SAR zwischen den Knaben Otto Babendieck und Fritz Hellebek.

personen, nicht selten ältere Verwandte oder Bekannte, gar nicht selten sind es sogar ältere oder auch gleichaltrige, in einzelnen Fällen selbst etwas jüngere Kameraden, Mitschüler oder dgl., deren absolute oder doch relative, in bestimmten Situationen sich offenbarende Überlegenheit, deren entsprechendes „Führertum" ausdrücklich oder stillschweigend anerkannt wird (vgl. sinnverwandte Einzelheiten bei Ch. Bühler, woselbst auch Zitate aus der pädagogischen Literatur, auf die hier nicht eingegangen werden kann); Katz, Fischer und andere sagen sehr richtig, daß schon das Schulkind oft recht gut vermag, den absolut oder relativ Tüchtigsten innerhalb einer Gruppe als solchen zu erkennen; um ihn als „Chef" gruppiert sich, wie jedem Pädagogen wohl bekannt (siehe z. B. wieder bei Ch. Bühler), nicht selten eine Partei von „Klienten". Wohl jeder von uns hat derlei in seiner Schulzeit mitgemacht, auch wenn er persönlich nicht ohne Selbstgefühl gewesen, aber auch über die Schulzeit hinaus, in den Jünglings-, ja in reifen Mannesjahren das Gefühl des gefolgschaftlichen Hingezogenwerdens mit deutlicher, sei es auch mehr oder weniger abgetönter SAR gegenüber kraft bestimmten Eigenschaften absolut oder relativ hervortretenden und also absolut oder relativ als „Führer" anerkannten Kameraden oder Kollegen in sich festgestellt, für eine bestimmte Zeitdauer oder aber wenigstens innerhalb bestimmter Situations- oder Umweltsverhältnisse, mit oder ohne sogenannte allgemein menschliche „freundschaftliche" Sympathiegefühlstönung, immer aber ohne jeglichen Beisatz sexualen Fühlsgehaltes, gewisse homosexuelle Verhältnisse natürlich ausgenommen, die aber in ein ganz anderes Kapitel gehören (vgl. auch bei Placzek). Auch gegenüber dem Vaterkomplex hebt sich dieser hier in Rede stehende Gefühlskomplex in der Regel recht scharf ab, die Hinneigungstendenzen haben, wiewohl sie des triebartigen Zuges keineswegs entbehren, doch immer irgendwie ein Element auswählender Freiwilligkeit in sich, wenigstens im Subjektiven, derlei dem Vaterkomplex gewöhnlich abgeht; mag auch an den „Rändern", zumal, wenn der Führer an Jahren oder in seinem Wesen um ein Erhebliches älter ist, eine gewisse Grenzbeziehung zum Vaterkomplex möglich sein. Daß derlei gelegentlich bis zu regelrechter Hörigkeit gedeihen kann, ergibt sich aus früher Gesagtem, ist aber eher die Ausnahme; die Erfahrung lehrt vielmehr, daß, ganz abgesehen von der zeitlich-umweltlichen Situationsgebundenheit sehr vieler solcher Gefolgschaftsverhältnisse, ihre Andauer meist eine nicht zu große ist; die SAR wird mit der Zeit meist abgebaut, auf der S- wie auf der A-Seite, ja es kann sich ereignen, daß in späteren Lebensperioden, zuweilen sogar übrigens in verschiedenen Relationen derselben Lebensperiode beider Teile, die beiden Seiten ihre Repräsentanten vertauschen (in der Schule z. B. können zwei Kameraden in Belangen der Leibesgewandtheit in einer entgegengesetzten SAR stehen gegenüber jenen der geistigen Gewandtheit). So geht aus diesen sehr schlichten, empirisch fundierten Verhältnissen hervor, daß die Gefolgschaftstendenz, die zur Herausbildung einer SAR führt, psychisch recht zusammengesetzt geschichtet ist; ihr Grundelement ist unzweifelhaft triebhaft-thymopsychisch, es wurzelt im Sozialgefühls-, im sozialen Triebkomplex, in einem Anschlußbedürfnisse, wie es, abnorm individualistisch und autistisch gerichtete, im Sinne Kretschmers wohl schizoide oder extrem schizothyme Einzelpersönlichkeiten ausgenommen, wohl allgemein menschlich, ja herdenanimalisch bedingt ist, ein phylogenetisch uraltes, vormenschliches Erbteil unserer Seelen, dem wir nahezu alle mehr oder weniger tributpflichtig sind; und wir streben, uns der Gefolgschaft jener Persönlichkeiten im Sinne der Herausbildung einer SAR anzuschließen, von denen wir zunächst irgendwie herausfühlen bzw. unklar erkennen, daß sie uns allgemein oder im besonderen, gänzlich oder situativ „über" sind, in denen wir eine Ergänzung und Kompensierung unserer von uns mehr oder weniger klar gefühlten allgemeinen bzw. relativsituativen Minderwertigkeit zunächst einmal herausfühlen bzw. unklar erkennen; Gefühle, die sich übrigens nicht immer, wenngleich recht gewöhnlich, mit absoluten oder doch relativen menschlichen Sympathiegefühlen verbinden können, nicht selten aber für längere Zeit mit antinomischen Selbstgefühlen und deren Abkömmlingen zu kämpfen haben, ehe sie sich durchzusetzen vermögen, je nach Eigenart der Persönlichkeit; Gefühls- und Triebtendenzen aber, die sich, je höher differenziert und je komplizierter strukturiert die seelische Beanlagung des S-Trägers ist, um so mehr nach noopsychischen, erkenntnismäßigen Tendenzen orientieren, die darauf abzielen, die S-Tendenz gegenüber dem A-Träger gleichsam zu rationalisieren. Diesem Schicksal entgeht kaum jemand zur Gänze, denn es ist niemand, der sich allen Lebenssituationen voll gewachsen fühlte, niemand, der nicht wenigstens in bestimmten Situationen „kapitänsbedürftig" wäre. Wiederum können wir von der Schule ausgehen bzw. an früher Gesagtes erinnern: wir sehen schon da oft genug, wie sich um einzelne durch intellektuelle oder charakterologische Eigenschaften hervorstechende Schüler Gefolgschaften, Parteien, Clans bilden, innerhalb welcher der „Kapitän" A-Träger ist, die anderen mehr weniger S-Träger sind; wir sehen da weiter zuweilen, wie Kapitanat und Gefolgschaft sich je nach der Situationsbedingtheit sehr verschieden gestalten können: der „Kapitän" für die humanistischen oder für die mathematisch-naturwissenschaftlichen Fächer ist meist ein ganz anderer als der für das Turnerisch-Sportliche, denn dieser und jener Typ von Hochbegabung fallen ja häufig nicht zusammen; die SAR ist also, wie man sieht, recht oft synchron-labil. In Anlehnung an Ch. Bühler können wir auch sagen, daß in und nach der Pubertät oft ein Wechsel der A- bzw. S-Personen eintritt. Wieder weiß aber ein jeder, der über hinreichend Selbstbeobachtungsgabe und Rückerinnerungsfähigkeit verfügt, wie verschieden die um jene Varianten der SAR gruppierten Gefühlsregungen von den in der Präpubertät und Pubertätszeit meist schon so deutlichen Sexualgefühlen waren bzw. sind; auch die A-Träger der erwähnten Typen sind mit den eventuell gleichgeschlechtlichen Sexualidolen bzw. deren Repräsentanten meist gar nicht identisch. Die A-Träger der skizzierten Kategorie, die Schuljungenkapitäne — deren Autorität in jener Periode, in der die Auflehnung gegen elterliche und Lehrerautorität, für einen bestimmten Lebensabschnitt charakteristisch, nicht selten als eine Art Ehrenpflicht ungeschrieben kodifiziert zu werden pflegt und oft zu einer nicht unbeträchtlichen Konkurrenzerscheinung gegenüber jenen Autoritäten sich auswachsen kann — sind der ganzen Struktur der ihnen gezollten S mit ihrem teils triebartigen, teils als freiwillig gefühlten, teilweise noopsychisch rationalisiertem Charakter nach gleichsam die Vorläufer der Leiter studentischer Hochschulverbindungen welcher Art immer; wenngleich bei der Bindung an diese neben sozialen Trieben bzw. der SAR sicherlich auch noch ganz andere, sowohl gefühlsmäßige wie rationale (auch traditionelle) Tendenzen mitspielen; immerhin stellen wir unter diesen innerseelischen Tendenzen manche fest, die der Herausbildung einer SAR zu den führenden Personen wichtigen Sukkurs leisten; denn der Anschluß an die Gemeinschaft geschieht oft genug aus einem dunklen Bewußtsein heraus, diesen Anschluß zur Kompensation irgendwelcher individueller, eventuell umweltbedingter, absoluter oder relativer Unzulänglichkeiten notwendig zu haben, in den führenden Personen aber die Erfüllung jenes Ideal-Ich ganz oder doch zum Teile zu finden, dem man irgendwie zustrebt, auf welchem Wege dann jene die Helferrolle spielen (ich erinnere an verwandte, später noch heranzuziehende Gedankengänge von Schilder und Kauders). Wieder wird, wer nur so recht voll und ganz gegen sich selbst aufrichtig ist, zugeben müssen, daß es sich nur zu oft so verhält, wie hier dargestellt; wohl auch im Rahmen moderner Jugendverbände.

Es gibt ja unzweifelhaft noch andere, rein rationalistisch nicht auflösbare Momente, die wichtige Konstituentien dieses Hingezogenseins sind; hierüber hat die Pubertätsforschung hinreichendes Material zutage gefördert; und nochmals sei bemerkt, daß die Faktoren Sexualität und Freundschaft in asexualem Sinne, daß sie beide, wenn auch nicht überschätzt, so doch in manchen Einzelfällen nicht übersehen werden dürfen; Jugend, zumal nahe der Pubertät, ist, wie Ch. Bühler wiederum so sehr zutreffend sagt, das Lebensalter der werdenden, oft recht stürmisch werdenden Ergänzungsbedürftigkeit und daher auch Sehnsucht; wir könnten vielleicht noch besser von Sehnsüchten sprechen. Sicher aber steht gerade nahe und in diesem Lebensabschnitte neben aufschäumendem Kraftgefühl ein deutlich markiertes, wenn auch nicht immer rational klar erfaßtes Minderwertigkeitsgefühl, welches seine Kompensation sucht; diese Kompensationstendenz wiederum orientiert sich in zwei übrigens durch Brückenwege verbundenen Richtungen: die eine läßt Schutz, Geborgensein im Schatten, in der Gefolgschaft eines als überlegen gefühlten oder erkannten Führenden suchen; die andere bringt ein erhöhtes Geltungsbestreben mit sich, das die eigenen Mängel vor der Außen- und der Innenwelt überzukompensieren trachtet; diese letztere Feststellung soll im übrigen keine Anerkennung der Extremheiten der Adlerschen Schule bedeuten, die in Anlehnung an die so sehr tiefschürfende Nietzschesche Ressentimentslehre schier jedes Geltungsbedürfnis aus Minderwertigkeitsgefühlen herleiten möchte; sie geht darin zu weit; Roffenstein hat hier den richtigen Mittelweg gewiesen. Sicherlich aber ist, sie möge unklar oder klar gefühlt werden. Furcht vor in aktivem oder in passivem Sinne zu verstehenden Nachteilen, zumal solchen als Folge eigener absoluter oder relativ zu verstehender Minderwertigkeit im Rahmen eines sozialen Ganzen oder einer sozialen Gruppe eine der Haupttriebfedern der Subordinationstendenz, ihre bewußte oder auch nur halbbewußte Nutzung seitens anderer, sie mögen aus höherwertiger Anlage oder aus Ressentiment geltungsbedürftig, von Machtstreben beseelt sein (und beides sind Motive des Willens zur Macht), ein Hauptmittel zur Erlangung von Autorität; beide also Kopfstationen der SAR. Beider Fundament wurzelt aber in durchaus transsexualem Boden. Sekundäre Sexualgefühlsbesetzungen sind freilich durchaus möglich, auf der hier beschriebenen Linie der SAR-Bahn, mag sie auch ursprünglich im Dienste gänzlich disparater Tendenzen entstanden sein, können auch Güter, die der in manchen Fällen recht nahe gelegenen Sexualfühlssphäre angehören, befördert werden, ja es kann fallweise der Oberbau dieser ursprünglich transsexualen Zwecken dienenden Bahn dem Sexualgüterverkehr angepaßt erscheinen; der Unterbau aber ist aus phylogenetisch älterem Material erbaut, in dessen Boden er verankert ist. So wird sich derlei besonders häufig und zwar auch schon in Junggesellschaften ergeben, wenn der A-Träger männlichen, die Gefolgschaft weiblichen Geschlechtes ist; es kann dann leicht eine sadomasochistische sekundäre Gefühlsbesetzung sich konstellieren, A kann durch sadistische, S durch masochistische Elemente recht ausgiebige Zuflüsse erhalten. Auch bei gleichgeschlechtlicher SAR auf jugendlicher wie auf höherer Altersstufe ist das gewiß möglich; aber da zeigt sich beim Primitiven und noch mehr auf tierischer Vorstufe (vgl. besonders bei Schjelderup-Ebbe) aufs klarste das ursprünglich Transsexuale dieser SAR, denn mit dem um die Paarungszeit herum auch da nicht fehlenden abortiven sadistischen Fühlselementen (auf niederster Tierstufe vielfach eher beim Weibchen, auf höherer beim Männchen manifest werdend) hat die „Hacklisten"-Rangordnung in Tiergesellschaften mit ihren Ausstrahlungen und Nachwirkungen im Menschlichen gewiß nichts gemein. Die sekundäre sadomasochistische Überbauung der SAR im allgemeinen gehört vielmehr unzweifelhaft einer bereits überprimitiven menschlichen Entwicklungsstufe an, um allerdings auf oberster Kulturstufe, seelische Normalschichtung beider Teile vorausgesetzt, an Tönungsenergie wieder einzubüßen; und sie findet sich ontogenetisch auch kaum vor der Obergrenze des Pubertätsalters. Daß sie immerhin nicht zu den Seltenheiten gehört, kommt wohl daher, daß Ausgangs- wie Endrichtung der SAR einerseits, der sadomasochistischen Fühlsrelation anderseits seelisch so nahe beieinanderliegen und die dazwischen gespannten Saiten irgendwie schwingungsverwandt sein können; die Tendenz nach Über- bzw. Unterordnung, die Entwicklungsmöglichkeit bis zum Hörigkeitsverhältnis, das sind jedenfalls wichtige psychologische Gemeinsamkeiten; dazu kommt, daß beiderlei seelische Relationen um die Pubertät herum ein erstes Entwicklungsoptimum aufweisen. Das alles ergibt Berührungs-

und Durchdringungsmöglichkeiten, die unter pathologischen Verhältnissen zur unlöslichen Verschmelzung führen können. Dem stehen aber reichlich genug Fälle mit schärfster Trennung beider unterschiedenen Gefühlsrelationen gegenüber, vor allem die zahlreichen Fälle des praktischen sozialen Lebens der Erwachsenen, in dem die SAR eine so sehr ausschlaggebende Rolle spielt; davon wird sehr bald die Rede sein und es wird die ganz unsexuelle Basis der da meist wirksamen Antriebe, die zur SAR-Entwicklung führen, aufgezeigt werden; was natürlich nicht hindert, daß der A-Träger die Attribute der aus ganz unsexuellen Motiven passiv oder aktiv erlangten A, gewissermaßen als Nebengewinn aus ihr, gleich einem Federkleide benützt, um damit nach dritter Seite hin im Sinne seiner Sexualziele zu wirken; die Attribute der A werden dann unfreiwilligerweise wie ein sekundäres Geschlechtsmerkmal gewertet; aber dieses selber ist ja nur in pathologischen Fällen von extremem Narcissismus[1]) Libidoobjekt des eigenen Trägers, nicht de norma oder überhaupt generell.

III. Die SAR zwischen Arzt und Krankem. Allgemeines

Was bisher erörtert wurde, betraf, da vor allem von Kindern und Jugendlichen die Rede war, mehr die Individualontogenese der SAR. Wie steht es nun um diese beim voll ausgereiften Menschen? Und wie steht es darum — denn diese Frage wurde bisher noch kaum erörtert — in der Seele nicht bloß der S-Träger, sondern auch der A-Träger?

Es wird am zweckmäßigsten sein, hier auf einzelne, besonders charakteristische Situationen einzugehen, in deren Mittelpunkt die SAR steht. Ausgehen wollen wir dabei von der uns am nächsten liegenden Situationsgestaltung, jener des Arzt:Patient-Verhältnisses, zu dem wir am Ende wieder zurückkehren werden. Aber nicht nur, weil uns die SAR zwischen Arzt und Patient thematisch am nächsten liegt, empfiehlt es sich, dieses Kapitel damit einzuleiten; sondern auch weil wir von da aus am schnellsten in der übrigen Betrachtung vorzudringen vermögen; denn wem ist es gegeben, tiefere Einblicke in die Seele seiner Mitmenschen zu gewinnen als dem Arzt? Zumal dem Arzte, der — und das gilt wohl von der erdrückenden Überzahl aller Ärzte — selber mehrfach Patient gewesen ist, demnach also, gehörige Selbstbeobachtungsgabe vorausgesetzt, sich in doppelläufiger Einfühlungs- und Betrachtungsweise als Arzt sowohl wie als Kranker erlebt hat bzw. reproduktiv zu erleben vermag?

Wie fühlt sich, wie denkt sich der Arzt gegenüber dem Kranken, wie der Kranke gegenüber dem Arzt, unbeschadet aller anderen wechselseitigen Relationsmotive, die es da gibt, darüber in den einschlägigen Werken von Bleuler, von Honigmann, von Liek und anderen manches Instruktive enthalten ist, lediglich in Ansehung der SAR?

---

[1]) Die Schreibweisen „Narcissmus", „narcisstisch" halte ich für philologisch unrichtig.

Unzweifelhaft tritt in der Mehrzahl der Fälle der Kranke an den Arzt mit Minderwertigkeitsgefühlen beladen heran. Diese Minderwertigkeitsgefühle betreffen sehr verschiedene Gebiete; vor allem natürlich das Gebiet der Körperlichkeit und der Lebensgefühle; handelt es sich aber um Neurotiker, dann erstrecken sich die Minderwertigkeitsgefühle natürlich mehr weniger weit ins Psychische hinein. Es steckt in ihnen ein gut Stück Furcht, von der Krankheitsfurcht an bis zur Furcht vor dem Tode; es steckt aber darin auch gleichzeitig ein Stück von mehr oder weniger latentem Geltungsbedürfnis oder solcher Geltungssucht (zumal bei Hysterischen) in körperlicher oder in seelischer Hinsicht oder in beiden Hinsichten. Der Ausfall, das Minus verlangt nach Kompensation; diese kann nun in der Regel selbsttätig und aus dem eigenen seelischen Reservekräftevorrat nicht geschöpft werden; sie kann nur gefunden werden durch Anlehnung an eine stärkere Persönlichkeit, durch Belehnung seitens einer Autorität. Der natürliche Vermittler dieser Lehensenergie ist nun aber der Arzt, und zwar bekanntlich nicht nur durch die physische Medikation, die er verschreibt, sondern mindestens in ebensolchem, rein psychisch sogar in entscheidendem Maße durch das psychische Vehikel dieser Medikation, will sagen die Art, wie er als Subjekt es ordiniert. Der Kranke erwartet vom Arzt eine Hebung seines gesunkenen Lebens- und Gesundheitsgefühles; der Kranke weiß nun aber auch oder er ist sich mindestens unklar, fühlsmäßig dessen bewußt, daß diese Hebung nur der Autorität möglich ist; er sucht in seinem Arzte eine innere Einstellung und erwartet eine ihr adäquate äußere Haltung, die autoritäre Überlegenheit zeigt, die das Vorhandensein menschenbeherrschender Energien im Arzte annehmen läßt; das soll sich auch im Gehaben des Arztes verraten durch jene halb pantomimische, halb sprechgesangliche interbestiale Sprache (den Ausdruck hat, soviel ich sehe, zuerst Neutra geprägt), wie sie unter höheren Lebewesen, nicht nur unter Menschen allgemein verstanden wird. Auf primitiverer Denkstufe — und dem Arzte gegenüber verhalten sich auch kultivierte Individuen nur zu oft wie Primitive — wird darum in die Vorstellung „Arzt" stets auch ein Stück vom Magier hineingedacht und beim Fehlen von Indizien solcher magischer Potenzen die A des Arztes a priori verstandes- oder doch wenigstens fühlsmäßig nicht voll gewertet. Unter allen Umständen aber will der Kranke im Arzte den ihm Überlegenen erblicken und orientiert sein Vertrauen zu ihm je nach der — allerdings auch der Eigenart des Kranken selber elastisch anzupassenden — Qualität des gesamten persönlichen Auftretens des Arztes; je sicherer dieser auftritt, je mehr er Energie verrät bzw. vermuten läßt, je mehr er Respekt und damit implizite ein Element von Furcht um sich verbreitet (denn ein Element von Furcht steckt, vgl. das treffende Wort „Ehrfurcht", in dem Respekt, tönt leise in diesem Komplexe mit), das stark genug ist, Krankheits- und eventuell Todesfurcht zu übertönen, desto größer das Vertrauen des Kranken, der Arzt sei stark genug, auch der Krankheit zu begegnen, den Gesundheit oder Leben bedrohenden Mächten als noch Stärkerer entgegenzutreten. Die menschliche Seele anthropomorphisiert nun einmal; der Kranke flüchtet aus dem Bann der ihn bedrohenden Mächte in den Bann einer von ihm für stärker gehaltenen, stärker als er selbst, stärker als die Krankheit, geeignet, ihm einen Halt zu bieten in den Nöten der von ihm gefühlten Minderwertigkeit der eigenen Kampfmittel, und er ergibt sich dieser Macht, will sich ihr ergeben, will von ihr geführt, beherrscht sein. Hierin liegt wohl die Erklärung für die so häufig zu machende Erfahrung, daß der gelegentlich kühn bis zur Grobheit über gewisse Formen der Konvention sich hinwegsetzende Arzt nicht selten durchschlagende psychotherapeutische Resultate erzielt, daß ihm gegenüber die SAR seitens des Kranken so häufig fast blitzartig sich herstellt, dem Kranken ein für ihn heilsames Bedürfnis geworden, welches ja nicht bis zu unheilsamer Hörigkeit sich vertiefen oder verlängern zu lassen Sache ärztlicher Gewissenhaftigkeit ist. Die Seele des Gefährdeten oder — was hier auf das nämliche herauskommt — des sich gefährdet Glaubenden verlangt in solcher Drangsituation nach der energischen Kommandostimme des Kapitäns, wie während gefahrvoller Fahrt auf stürmischer See, und verlangt darnach auch, wenn sie in gesunden Tagen ganz und gar nicht das Bedürfnis nach derart energisch betonter Führung hat, solche vielleicht sogar eher ablehnt, mindestens mit dem Oberbewußtsein. Übrigens gibt es Fälle genug — am ehesten hier jene, die im Nietzscheschen und Adlerschen Sinne ein latentes Minderwertigkeitsgefühl aus eigenem durch erhöhtes Geltungsbestreben zu überkompensieren zu pflegen bzw. seelisch darauf eingestellt sind —, bei denen auch in kranken Tagen Geltungs- und Subordinationsbedürfnis so sehr interferieren, daß der Arzt besser tut, mindestens in seinen einleitenden Worten und Gesten die Empfindsamkeit solcher Kranker mehr zu schonen; die wenigen vollends, die auch in kranken Tagen seelisch stark bleiben, weil sie stark sind, sind überhaupt nicht Objekte der SAR gegenüber dem Arzte; sie sind aber die Ausnahmen. Im ganzen aber macht man als Arzt immer wieder die Erfahrung, daß, von der allerersten konventionellen Einleitung abgesehen, ein Übermaß ärztlichen Entgegenkommens, ärztlicher Höflichkeit dem psychischen Einflusse des Arztes eher abträglich ist und daß die weitaus meisten Kranken in puncto Höflichkeit recht anspruchslos sind. Am Ende beruht vielleicht auf dem späteren Ressentiment in der Seele des Kranken als einem Kontrastphänomen gegenüber dem einstigen Bedürfnisse nach der Autorität des Arztes intra morbum die sprichwörtliche Undankbarkeit und ostentative Geringschätzung so vieler genesener Kranken gegenüber dem einst fast vergötterten ärztlichen Helfer und Retter; eine Erscheinung, von der keine Kultur-, keine Gesellschaftsschicht frei ist. Nebenbei: ein Beweis mehr für die Asexualität dieses ganzen Strebungskomplexes.

Wie bereits implizite aus dem früheren Zusammenhange hervorgeht, gewinnt die SAR zwischen Arzt und Patient eine besondere Note bei Neurotischen, nicht zuletzt schon aus dem Grunde, weil infolge der meist längeren Dauer der Behandlung und der durch die neueren psychotherapeutischen Methoden begünstigten Vermenschlichung der Beziehungen vom Arzt zum Klienten (sie nähern sich oft dem anwaltschaftlichen oder priesterlichen Verhältnis) das Ressentiment im Genesungsstadium vielfach ausbleibt oder doch nicht jenen Charakter annimmt, jenen Grad erreicht wie in der Rekonvaleszenz nach somatischen oder vorübergehenden psychischen Erkrankungen. Vielmehr nimmt in diesen Fällen gar nicht selten die Übertragungstendenz vom Patienten auf den Arzt größere Dimensionen an und dringt recht tief in die Seele des Patienten ein, so daß es eine von der Gewissenhaftigkeit und der Kunst, nicht zuletzt aber von echter therapeutischen Systematik vorgeschriebene, besonders verantwortungsvolle Aufgabe des Arztes ist, diese Übertragung nicht zu weit gedeihen zu lassen und vor allem durch die ganze Anlage seines Behandlungsplanes dafür zu sorgen, daß sich die seelische Abspönung des Patienten im erforderlichen Zeitpunkte hemmungs- und reibungslos vollziehen lasse. In recht ansprechender Weise haben Schilder und Kauders dieses Thema variiert, gleichwie schon vorher Kogerer sehr mit Recht gefordert hat, daß einem Zuweitgehen derart bedingter seelischer Fesselung des Patienten durch den Arzt beizeiten kräftig gesteuert werden müsse. Eigentlich ist dies eine Binsenwahrheit: allein man darf sich doch davor nicht verschließen, daß die analytische Schule nicht so im Unrecht ist — sie formuliert damit im Grunde schon Bekanntes in ihrer Denk- und Ausdrucksweise —, wenn sie die, sei es auch unseres Erachtens sekundäre Sexualfühlsbesetzung des Verhältnisses zwischen Arzt und Neurotiker — zumal wenn letzterer feminini generis ist — unterstreicht; eine Gefühlsbesetzung, die den ursprünglich transsexualen Unterbau auch dieser SAR oft weitgehend überlagern kann.

Es findet das alles seine Begründung in der Struktur der Neurotikerseele. Der Neurotiker ist nicht selten — um so mehr, je stärker in der Struktur der Neurose das hysterische Element überwiegt — im umgekehrten Maße zu seiner mehr exopsychisch gelagerten Geltungsbedürftigkeit endopsychisch minderwertigkeitsbewußt, und zwar in den schwereren Fällen im Sinne eines nicht bloß vorübergehenden oder konstellativen Minderwertigseinsbewußtseins (diesen Typus der Neurotiker hat bekanntlich Adler besonders gewürdigt); nun pflegt aber nicht nur der weibliche, sondern auch der männliche Neurotiker, sofern sein Charakter vorwiegend hysterisch oder hysterienahe, stark feminin geschichtet zu sein; und in diesem seelischen Feminismus männlicher Neurotiker steckt dann recht häufig die Wurzel für eine — hysterico modo nicht manifest, sondern indirekt, „verdeckt" sich äußernde — homosexuelle Fühlsnote (übrigens pflegt diese keine absolute zu sein), die ihrerseits in Form eines besonders stark gefühlten Anlehnungsbedürfnisses an den ärztlichen Führer zutage tritt. Der Arzt wird vom Patienten bewußt und halbbewußt als der Durchschauer seiner irgendwie minderwertigen Seelenstruktur erkannt und gefürchtet, wird umfaßt mit einer im Falle der Abweisung in Haß konvertierten Furchtliebe, die sich in mehr weniger masochistischer Unterwerfungsbedürftigkeit, fallweise in vollendeter Hörigkeit äußert. Aber — und hier stoßen wir wieder auf eine schon mehrfach erwähnte und später noch besonders zu würdigende Eigenart der SAR — es zieht aus der S-Tendenz gegenüber der ärztlichen A indirekt die Geltungsbedürftigkeit des Patienten ihren Nutzen, denn im Schatten und hinterm Rücken des Arztes lassen sich trefflich dritte Personen — tyrannisieren! Weibliche Hysterische mit maskulinen seelischen Zügen verdanken diesem doppelläufigen seelischen Mechanismus die Fähigkeit, sich sowohl in feminin-masochistischem wie in maskulin-sadistischem Sinne auszuleben. Es ist recht bezeichnend, wie die sonst tyrannischesten, verbocktesten und unleidlichsten hysterischen Weiber dem geschickt, im Beginn des „Zurechtreitens“ (im Sinne Kehrers) nicht allzu brüsk, dann aber immer energischer und unerbittlicher zügelnden Arzte wie manchen Priestern, ja manchen auf magische Effekte nicht verzichtenden, oft mit recht primitiven, ja unerlaubten Hilfsmitteln arbeitenden Scharlatanen gegenüber[1]) gleich Armesünderinnen sich einstellen, Demütigung über Demütigung von dieser Seite her ergebungsvoll ertragen, ja solche geradezu ersehnen (zuweilen auch grobsexuelle Demütigung), wie sie im Bewußtsein ihrer tiefinnerlichen, zumal ethischen Minderwertigkeit auf diese Weise gleichsam unter der Peitsche abzubüßen und abzureagieren bestrebt sind (in diesem Sinne mag Schilder und mögen mit ihm andere Analytiker recht haben, wenn sie für einen umgrenzten Typ von Delinquenten ein Verlangen nach Strafe voraussetzen). Anderwärts übrigens habe ich dargelegt, daß dieses eigenartige antinomische Verhältnis bis zu einem gewissen Grade durch die feminine Seelenstruktur überhaupt begünstigt wird, mit ihrer Mischung von Schwäche- und Stärkegefühl bzw. -bewußtsein. Ebendarum, eben wegen dieses eigenartig labilen Zustandes der weiblichen bzw. femininen Seele überhaupt bedarf es einer gewissen Diplomatie in den einleitenden Worten und Manipulationen bei der seelischen Behandlung solcher Fälle; einmal „unterm Sattel“, ist aber auch die ungebärdigste Hysterika in der Hand des rücksichtslos und zielbewußt energischen ärztlichen Erziehers in der Regel lammfromm und um so anhänglicher, je unerbittlicher die psychotherapeutisch-pädagogische Zucht; ja die Furchtliebe weiblicher Hysterischer ist einer Sublimierung fähig, die sie zu weitestgehender, hingebendster Aufopferung befähigt, solange sie währt; wohl so ist es zu verstehen, wenn Raimann die besonders dankbare Anhänglichkeit gerade mancher Hysterischer gegenüber ihrem Arzte rühmt. Der ursprüngliche Egozentrismus freilich dieser sublimatorischen Ergebenheit entpuppt sich oft mit greller Deutlichkeit, sobald solche Hysterische eifersüchtig auf ihren „Herrn“ werden, und das werden sie besonders leicht (wenngleich es anscheinend Fälle gibt, wo auch diese Art Egozentrismus in einer Art von sozialem Gruppenegozentrismus aufzugehen vermag). Ungeheuer gefährlich aber ist auf alle Fälle jedwede Umsetzung der SAR gerade im Verhältnisse Arzt: Hysterika aus dem sublimierten „Als-ob“ ins Sexuale; denn jede auch nur indirekte Sexualbeziehung schafft, von ihrer Unvereinbarkeit mit ärztlicher Ethik ganz abgesehen, wechselseitige Abhängigkeiten beider Partner voneinander, enthüllt wechsel-

[1]) Der „Rasputinismus“ solcher Hysteriker ist oft recht charakteristisch; er ist allerdings bereits eine stark masochistisch getönte Abart der Hörigkeit und nicht mehr psychologische SAR.

seitig Schwächen, von denen auch der Stärkste nicht oder wenigstens gelegentlich oder relativ nicht ganz frei ist, wirkt sonach zunächst ernüchternd, um allgemach die Disziplin des S-Trägers und die Autorität des A-Trägers zu untergraben und damit die so sehr heilsame, das Gesundheitsgewissen anspornende und überhaupt pädagogisch so gut nutzbare Furchtliebe des S-Trägers gegenüber dem A-Träger; und dann schlägt diese nur zu oft — einer uralten Antinomie der Menschenseele folgend — am Ende in Geringschätzung, ja in glühenden, ressentimenterfüllten Haß[1]) und schreiende Gemeinheit um. Hier gilt also ein nachdrückliches „Caveas!" für den Arzt, um so mehr, als ja auch er als A-Träger der SAR zuweilen unleugbar der Gefahr sexualer Besetzung seines A-Strebens unterliegt; denn die Hysterika lockt und wirbt schauspielerisch und prüfend, indem sie sich unterwirft, wirft aber den, der ihren Lockungen unterliegt, am Ende in ressentimentaler, haßerfüllter Verachtung (deren Entfachung durch die Hysterischen so oft eignende Frigidität im Sexualen sensu strictissimo gebahnt wird) aus dem Sattel, womit gleichzeitig jeder psychotherapeutisch-pädagogische Effekt zunichte gemacht und auch für später Kommende erschwert ist; sie haßt freilich auch den am Ende, der es gänzlich verschmäht, über sie herrschen zu wollen, und verachtet den, der sich zu klein dünkt, diese Aufgabe zu erfüllen; denn sie will gleichzeitig gelten und beherrscht sein; sie verehrt auf die Dauer nur den Arzt und nur durch den Arzt läßt sie sich erziehen und bessern, der die ihm sich bietende Möglichkeit, sie zu regieren, nicht gerade von sich weist, aber unberührt durch alle Sexuallockungen mit rücksichtsloser und durchschauender Energie fest im Sattel bleibt, hart und zielbewußt den Zügel führt und ihr unerbittlich seinen autoritären Erzieherwillen und nur diesen allein aufzwingt, daran und nur daran allein Freude empfindend und äußernd; gelingt ihm diese glückliche Mischung von Interessenzentrierung und Sublimation eigener anderer Fühlsregungen, dann wird er bzw. die SAR in der Tat gerade bei nicht wenigen hysterischen Klienten, zumal feminini generis, schöne und dauernde Erfolge erzielen.

Wie steht es um die A-tragende Psyche des Arztes gegenüber dem Neurotischen, insonderheit dem Hysterischen? Wir haben bisher mehr von der S-Psyche als von der A-Psyche gesprochen. Hier zunächst die Feststellung, daß, wenn auch nur ausnahmsweise, in der Seele des Arztes, der seinem Klienten sympathieerfülltes Interesse entgegenbringt, der mit der Rolle des A-Trägers positive Freude in sich empfindet, wenn auch sublimiert, dann und wann vielleicht eine Spur im weitesten, nicht sexualen Sinne sadistischer Fühlsbesetzung mitschwingen mag; gut und sorgsam sublimiert bedeutet dieses seltene Vorkommnis keine Gefahr, sondern sogar vielleicht ein ganz nützliches Antriebsmoment für tätige Interessenahme am Klienten und sonach an dessen Behandlung und deren endlichen Nutzeffekt, dessen Erzielung die Apologie für die Freude an der Macht beim gewissenhaften, ethikerfüllten Arzte bedeutet; medicus

[1]) Denn die hysterische Seele kann es nicht verwinden, daß sie einer am Ende doch als schwach erkannten Person sich enthüllt und ergeben hat.

triumphans! Ein Sonderfall des prometheischen, wenn man in diesem Sinn will, männlichen Geistes über die, wenn man will, mehr animalisch-weibliche Ungeistigkeit. Dieser sublimierte Gefühlskomplex ist zwar nicht der Motor selbst, aber gleichsam das Öl des Motors der SAR in dieser hier abgehandelten Beziehung. Sicherlich aber gibt es zahlreiche Fälle, in denen altruistische Hilfsbereitschaft allein, vor allem aber eine erdrückende Mehrzahl, in denen gänzlich sexualkomplexfreie Motoren wirken wie Freude an der Macht. Von anderen, nicht mehr zum Thema SAR gehörigen Motiven, etwa solchen materieller Natur, sehen wir natürlich ab; sie stehen hier nicht zur Diskussion.

Vieles von dem soeben Gesagten wäre anscheinend Wasser auf die Mühle analytischer Sexualtheoretik; aber eben nur anscheinend! Handelte es sich wirklich schlechterdings um nichts denn um ein sadomasochistisches Reziprozitätsverhältnis, überhaupt ein reziprokes Spiel von Introjektion und Übertragung, dann wären alle durch Psychotherapie erzielten Erfolge nichts als höchst bedenkliche Scheinerfolge, erkauft um den Preis schädlicher und unzulässiger wechselseitiger Fixation zwischen Behandeltem und Behandelndem. Derlei kommt in der Tat zuweilen zustande. Wo aber die Ursache nicht in der Psyche des Patienten zu suchen ist, dort liegt es an der Person des Arztes oder an Mängeln der psychotherapeutischen Technik; an der Person des Arztes, sofern dieser persönliche erotische Motive nicht abzudämmen oder nicht zu sublimieren imstande ist (in welchem Falle er generell oder mindestens in specie seine Hand von psychischer Behandlung zu lassen hat); an der Technik, wenn er sich nicht auf die Kunst versteht, sekundäre Libidobesetzungen lediglich als Öl zu verwenden, als beiderseitige Triebkraft des therapeutischen Motors aber ausschließlich die transsexuale SAR zwischen sich und seinem Klienten erstehen zu lassen und sich ihrer vor allem als grundlegenden seelenorthopädischen Hilfsmittels zu bedienen; eine SAR, die in dem Maße von selber gegenstandslos wird, in dem sich das, dank der erziehenden Hand des Arztes, allgemach in gesündere Bahnen gebrachte Seelenleben des Patienten gehörig gekräftigt hat, so daß sich die Gefahr der Hörigkeit bei Herstellung des richtigen Relationsgeleises von selber erledigt; das Verhältnis zwischen Schulmeister und Zögling verliert eben von selber allmählich seinen SAR-Charakter in dem Maße, als der Zögling selber zur Mündigkeit heranreift. Daß es also in specie vor allem auf pädagogischen Komplexen aufgebaut sein muß, ergibt sich implizite; pädagogische Interessenzentrierung, pädagogisch getönte Autoritätsfreude verschiedenster, individualistisch abstufbarer Färbung auf seiten des Arztes, Erweckung von zöglinghaft im weitesten Wortsinne getönter Subordination beim Klienten, beide als zweckmäßigste Brückenköpfe einer psychotherapeutischen SAR, das scheint das Nutzbringendste in aller Psychotherapie.

Charakteristisch ist bei derart richtig erstellter SAR der folgende Entwicklungsgang: zu Beginn, solange das Gefühl der Willensschwäche, des hilflosen Kampfes gegen das Krankhafte in der Seele des Neurotischen dominiert, empfindet er das initial einschleichend, alsbald aber energischer markierte Joch der A des Arztes ersichtlich als Wohltat, gibt sich fast stets demütig und lammfromm, um so mehr, je energischer die Tonart des ärztlichen Erziehers; in dem Maße, als die Erziehung, die darauf abzielt, das in der Person des Arztes irgendwie illustriert scheinende „Ideal-Ich" des Patienten im Sinne von Schilder und Kauders mehr und mehr zur Herrschaft zu bringen, sich dem angestrebten Ziele nähert, tritt zunächst die masochistische oder so scheinende Komponente in der Seele des Patienten in den Hintergrund, „mechanisiert" sich seine Subordination; am Ende, wenn der Wille des Patienten sich gekräftigt hat, wenn die optimale oder möglichst optimale Annäherung an das „Ideal-Ich" erreicht ist, tritt in der Seele des Patienten eine mehr minder ausgesprochene, lediglich durch ein gewisses Dankbarkeitsgefühl gezügelte Abneigung zunächst gegen die schroff markierte äußere Applikation der A und später auch gegen weitere S von seiner Seite ein, die neugekräftigte Persönlichkeit sucht in dem Maße, als das Heilungsideal erreicht ist, des autoritären Führers als solchen sich zu entledigen, empfindet jede weitere Bevormundungstendenz ebenso unlustbetont, wie sie sie anfangs lustbetont empfunden hatte. Das wäre bei primärer oder auch nur vorherrschend masochistischer Bindung wohl nicht der Gang der Dinge, derlei man in jenen Fällen erleben kann, wo solche Bindung als unerwünschtes Element vorhanden ist, denn sie tendiert zur Fixation und widerstrebt jeder Gegensuggestion zum Trotz der Lösung; also gerade umgekehrt wie in den günstig verlaufenden Fällen behandelter Neurose, masculini generis vor allem, bei richtiger Inszenesetzung aber auch feminini generis. Hievon wird an späterer Stelle, gestützt auf kasuistische Erfahrungen, noch die Rede sein.

Was von den mehr oder minder hysterisch getönten Neurosefällen gilt, gilt in der Hauptsache auch von vielen anderen Neurotischen. Jedoch ist ohne weiteres einzuräumen, daß, wo, wie in so vielen vorwiegend angst- und zwangsneurotisch orientierten Fällen, die hysterische Note mehr zurücktritt oder gänzlich fehlt, mit der Herstellung und Nutzung der SAR oder mit ihr allein weniger getan ist; obwohl sie auch da oft nützliche Dienste leistet. Vielfach aber ist in diesen Fällen ein mehr oder weniger markierter Widerstand gegen die SAR vorhanden oder erst zu überwinden (in solchen Fällen mag die bloße Persuasion, mag die Analyse, mag die Adlersche Therapie manchmal bessere Dienste leisten). Wo vollends unheilbare Defekte im Gewande der Neurose sich präsentieren, wie bei der schweren Charakterhysterie, die (wie von mir mehrfach betont und wie neuerdings Hauptmann und in gewissem Sinne vorher schon Kohnstamm zutreffend ausführten) nicht eigentlich Neurose, sondern eine Spielart ethischer Defektanlage ist, dort besteht keine oder nur eine recht mangelhafte, therapeutisch kaum auswertbare Neigung, eine wahre SAR entstehen zu lassen; schwer hysterische Charaktere mag man durch Terror gelegentlich bändigen können, wirklich erziehen, heilen kann man sie wohl so wenig wie den geborenen Verbrecher;

in Grenzfällen mag die Sublimierung leidlich gelingen. Bei den Begehrungsneurosen endlich hängt es von der ursprünglichen Eigenart des Falles, der Situation und bis zu einem gewissen Grade von Person und Technik des Arztes ab, ob der Begehrungskomplex oder der Arzt und mit ihm dank der SAR das Gesundheitsgewissen des Patienten Sieger bleiben.

IV. Zur SAR zwischen Lehrer und Zögling

Wie steht es nun um die SAR im Verhältnisse zwischen Schüler und Lehrer? Und in dem so nahe verwandten Verhältnisse zwischen Zögling und Erzieher? Wieder sei zunächst betont: auch wer in dieser Relation einen primären sexuellen Kerngehalt sucht, stellt für die Mehrzahl der Fälle die Dinge einfach auf den Kopf. Lehrer, Erzieher sind bald Elternersatz, bald aber auch Antagonisten der Eltern, die als solche und ähnlich wie andere Ersatzpersonen oder Konkurrenten derselben um die Seele des Zöglings oder doch um Provinzen derselben ringen, weniger objektiv denn in der Seele des Schülers bzw. Zöglings subjektiv. Wer nicht in analytischer Dogmatik befangen ist, wird, rückschauend auf die eigene Kindheit, zugeben müssen, daß diese seelische Relation auf seiten des Schülers (Zöglings) zunächst jeder sexualen Fühlsbesetzung entbehrt; ein gleiches gilt von den Lehrern und Erziehern utriusque generis. Ausnahmen von diesem „zunächst" gibt es natürlich auf beiden Seiten. Indes möchten wir hier doch gleich hinzusetzen, daß es für die Mehrzahl der Fälle dabei ein für allemal sein Bewenden hat. Es ist aber auf der anderen Seite ganz gewiß unverkennbar, daß die hier in Rede stehende Art der SAR und gerade sie in einer Minderzahl, aber doch in einer nicht zu kleinen Minderzahl der Fälle von einer dauernden oder vorübergehenden sekundären Sexualbesetzung insonderheit sadomasochistischer Färbung, nicht frei bleibt; ja in Extremfällen, die dann freilich unleugbar als pathologische zu werten sind, wird diese sadomasochistische Note die beherrschende, ist sie vielleicht die primäre überhaupt. Fälle von mehr minder larviertem, zuweilen aber auch in unverhülltester Form sich manifestierendem Lehrer- und Erziehersadismus kennt die einschlägige Literatur genugsam; auch in der Praxis des einzelnen Arztes figuriert fast stets der eine oder andere neurotische Lehrer oder Erzieher, dessen Psyche hinter ihrer neurotischen Außenfront das Bestehen sadistischer Betonung der von ihm gefühlten bzw. intendierten SAR gegenüber seinen Schülern erkennen läßt; ein Lehrer, der heranwachsende Mädchen zu unterrichten hatte, beichtete mir darüber vor einiger Zeit in bewegten Worten; sein Autoritätssadismus barg sich hinter den Kulissen einer Angst- und Zwangsneurose; er gestand mir schließlich nach langem inneren Kampfe, daß ihn als religiös sehr skrupulösen Menschen vor allem das Bewußtsein des sexual betonten Lustgefühls schwer bedrücke, welches er empfinde, wenn eine von ihm zur Prüfung aufgerufene Schülerin angstvollerregt vor ihm stehe; er empfinde dann wollüstige Freude an dem Bewußtsein seiner Macht über das betreffende, halberwachsene junge Ding (Patient selbst war ein wenig anmutender, dürftig-unscheinbarer Mensch von ängstlich gedrücktem, unsicherem Gehaben, hinter dem kein Uneingeweihter das Bestehen derlei seelischer Regungen vermutet hätte, indes dem kundigen Arzte solcher Kontrast nichts Neues sagt). Ähnliche Fälle sind vielleicht häufiger, als es den Anschein hat, solcher Tatbestand liegt vielleicht auch mancher „Schultyrannei" zuinnerlichst zugrunde. Gebahnt wird diese Gefühlsbesetzung bzw. Gestaltung der SAR im Rahmen der hier in Rede stehenden Situation in erster Linie wohl durch mehrere Momente: zunächst durch den Umstand, daß sich unter den Kandidaten des Lehrerberufes vielleicht nicht so ganz selten soziologisch, aber auch individuell eigenartige Persönlichkeiten finden, sozial nach unten oder sozial nach oben Entgleiste, von denen wieder ein Bruchteil von Hause aus auch zu Besonderheiten des sexualen Fühlens disponiert sein mag; wichtiger aber ist, daß vor allem das Schülerinnenmaterial (zumal auf Mittelschulstufe) seiner Alters- und Entwicklungsstufe nach — siehe oben — nicht zwar in der Regel aktiv, aber doch mindestens vielfach passiv eine starke sexualhaptophore Komponente in sich hat bzw. verrät, sexualer Aktivität einer A-fähigen Persönlichkeit aber um so leichter entgegenzukommen geneigt ist, als ihm selber einer solchen gegenüber eine erhebliche S-Bereitschaft zu eignen pflegt; Tendenzen dieser wie jener Art werden zudem durch die Atmosphäre der moralisch-disziplinären Macht des Lehrers über die Schülerin, die im Bewußtsein beider Teile mehr weniger tief verankert ist, begünstigt; namentlich wo andere Autoritäten keine äquiparierende Rolle im Bewußtsein beider Teile spielen oder wo aus bestimmten, im seelischen Mittelschulmilieu besonders wirksamen Motiven geradezu ein Unterwerfungsbedürfnis der Schülerin unter den Lehrer besteht. In der Relation Lehrer : Schülerin finden diese Entwicklungen ja aus einleuchtenden Gründen eine weit stärkere Bahnung als in der Relation Lehrer : Schüler; von anderen Relationen nicht zu sprechen; jedoch fehlen sie in keiner derselben gänzlich.

Die Perspektiven aus diesen Feststellungen, aus dieser sexualen Sekundärbesetzung der SAR im Lehrer : Schüler-Verhältnis wären geeignet, im ersten Hinzusehen erschreckend zu wirken; jedoch ist ein seelischer Antikörper vorhanden, welcher diese Tendenzen kompensiert, der eine Art Polyvalenz schafft, dank der — schwer pathologische Ausnahmen abgerechnet — die Libidobesetzung dieser SAR nicht nur nicht zu homonymer Auswirkung, sondern vielmehr zu pädagogisch heilsamer Sublimierung zu gelangen pflegt. Es schützt nämlich letzten Endes das Autoritätsbedürfnis der A-tragenden Lehr- und Erzieherpersonen wie anderseits das S-Bedürfnis der Schülerinnen und Schüler vor homonymer Auswirkung der Libidobesetzung doch mehr, als daß es sie förderte; denn die Risken solcher Auswirkung sind — vgl. früher Gesagtes — gerade für die A- wie für die S-Tendenz der Seele in dieser Atmosphäre derart erhebliche, daß nur pathologische Triebstärke imstande ist, die dadurch gesetzten Hemmungen zu durchbrechen[1]). Die Interferenz dieser seelischen Strebungen biegt die Libido aus ihrer triebbedingten Richtung ab und zwingt sie in die Bahnen der Sublimierung. In dieser Konvertierung nun aber bedeutet sie ein nicht so ganz ungeeignetes Feuerungsmaterial für die Entfaltung pädagogisch-didaktischer Begabung und der daraus entspringenden Ambitionen; vielleicht bis zu dem Grade, daß man sagen darf, eine gut sublimierte sekundäre Libidobesetzung der Tendenz zur Erzielung einer SAR in solcher Situation sei pädagogischem Wirken wie dessen Ausstrahlung und Auswirkung auf das Schülermaterial, namentlich in der Relation Lehrer:Schülerin nicht ganz selten geradezu förderlich. Aber auch in der umgekehrten Richtung schadet etwa die so sehr häufige schwärmerische und doch gleichzeitig ehrerbietige, jedes im unmittelbaren Sinne sinnlichen Elementes bare, jeder Regung von Disziplinlosigkeit geradezu entgegenarbeitende, vielmehr den Ehrgeiz anfeuernde und dadurch den Lernerfolg fördernde, rein seelische Hingabe halberwachsener oder schon ins erwachsene Jungmädchenalter getretener Schülerinnen gegenüber weiblichen, aber noch mehr gegenüber männlichen Lehrern, deren Verhalten sachliche Lehrbegabung und Freude an der Trägerschaft einer ehrlich erarbeiteten A und eine restlos sublimierte Libidobesetzung harmonisch in sich vereint, in keiner Weise; im Verhältnis Jüngling: männlicher Lehrer (die Relation Jüngling: weiblicher Lehrer kommt in pädagogischem Sinne wohl kaum in Betracht) dürfte wohl derlei kaum eine Rolle spielen, die ehrerbietige Zuneigung des Schülers zum Lehrer ist, von pathologischen Ausnahmen abgesehen, wohl fast immer libidofrei; wohingegen die A-tragenden Lehrer in solcher Situation vielleicht einigermaßen häufiger seelisch in die Lage versetzt sein dürften, Libidobesetzungen zu sublimieren, ohne daß dies einen pädagogischen Schaden bedeutete. Vollkommen rein und frei von jeglicher Libidobesetzung erscheint dagegen jedenfalls die Freude am Lehren, erscheint ganz ebenso die Freude am Belehrt- und Geführtwerden, erscheint jede darauf basierte SAR in der Regel, wo immer, wie namentlich in hochschulmäßiger Umwelt, zumal aber im Bereiche strengwissenschaftlichen Lehrens und Lernens, wie in Seminarien, Instituten, Kliniken usw. dieser Art, das rein objektive Lehren (Erziehen) und Lernen im Sinne des Forschens, Forschenlehrens und Forschenlernens Selbstzweck ist bzw. um rein objektiv-gegenständliche Zielsetzungen schwingt; besteht sozusagen ad personam gelegentlich einmal eine sexual betonte Fühlsrelation etwa zwischen einem männlichen Lehrer und einer Schülerin auch in solchem Milieu, dann läuft sie gewissermaßen nebenher, verleiht gelegentlich einmal dem Einzelfall eine Sonderfärbung, ohne aber grundsätzlich und wesentlich an der Verhaltensweise und den Motivierungen solcher SAR etwas zu ändern. Im übrigen gilt auch für diese Fälle in sinngemäßer Anwendung das vorhin Ausgeführte.

[1]) Verhältnisse, wie sie etwa Claude Anet in „Ariane" schildert, dürfen wir getrost als pathologische bzw. ausnahmsweise qualifizieren.

V. Zur Psychologie der Autorität im Besonderen

Wie steht es nun um das innere Geschehen in den Seelen der A-Träger? Dürfen wir in dem Tendieren nach A ein ebensosehr ursprüngliches sozial-seelisches Phänomen erblicken wie in der S-Tendenz? Dürfen wir annehmen, daß dieses seelische Phänomen in gleicher Weise ursprünglich im Transsexualen verwurzelt sei? Aus dem, was darüber schon an früherer Stelle ausgeführt erscheint, geht ja wohl allerdings genügend deutlich hervor, daß die Bejahung dieser Fragen allerdings durchaus in der Linie der hier vertretenen Thesen liegt. Hören wir freilich auf die Analytiker, dann müßten wir die eine eher verneinend zu beantworten geneigt sein, wie die andere, wenn wir die Lehren der Individualpsychologie zur Grundlage unserer Feststellungen und Erwägungen machen wollten; wir können aber, bei aller Zustimmung zu einem Teile der von diesen beiden Richtungen aufgestellten Sätze, denselben nichts weniger als restlos beipflichten. Weder vom phylonoch vom ontogenetischen Standpunkt aus erschiene dies erlaubt. Individualontogenetisch sehen wir die A-Tendenz recht oft aus einem gänzlich irrationalen, im Sinne Nietzsches bei anderen Individuen furchterregenden Kraft- und Stärkegefühl entspringen, wie es in den primär aufscheinenden Kampf- und Kampfspieltendenzen, und zwar nicht bloß im Sexualkampfe, sondern weit darüber hinaus bei Tier und Mensch dem Stärkeren allmählich zum Bewußtsein kommt; wie sich implizite also ergibt, in derlei Fällen, zunächst wenigstens, als etwas nicht logisierend, sondern rein fühlsmäßig Erfaßtes; in der Folge können sich natürlich rationalistische Zuordnungen einstellen, wenigstens unter menschlichen Verhältnissen, sie können aber, zumal auf primitiverer Stufe, noch recht dürftig sein, der fühlsmäßige Faktor kann der weit überwiegende bleiben, selbst wo sich zu der innerseelisch wesentlich gefühlsmäßig erfaßten A-Bedeutung der eigenen Person die Erfahrung hinzugesellt, daß andere Individuen auf deren vor ihnen erfaßte Entäußerungen mit S reagieren. Selbst hochwertige und hochdifferenzierte Führernaturen, zumal wenn ihre Führerschaft irgendwie im Künstlerisch-Intuitiven mitverwurzelt ist, fühlen oft mehr, daß sie „die anderen“ in bestimmten Situationen „in der Hand haben“, „fortzureißen“ vermögen, als daß sie um diese Fähigkeit genauer, rationaler wüßten; zuweilen, bei gegebener adäquater Gelegenheit, überkommt sie dieses Erfassen fast triebhaft, ohne jedwede Sexualnote, vollends ohne jedweden Einschlag ressentimentalen Protestes gegen mehr minder dunkel erfaßte eigene Minderwertigkeit. Derlei kann man fallweise bei Jugendlichen schon beobachten, und jedermann wird solche Gegebenheiten aus dem Rückerinnern an seine eigene individuelle Frühzeit zu verzeichnen vermögen. Daneben gibt es natürlich A-Tendenzen aus Freudschen oder Adlerschen Mechanismen: sie sind aber wohl die phylogenetisch jüngeren, und auch beim Menschen machen sie nur einen Teil aus. Vollends beim Tiere, im tierischen Herdenverbande wie in tierischen Gemeinschaften (vgl. wieder bei Katz, Schjelderup-Ebbe bzw.

den modernen Tierpsychologen) baut sich A-Tendenz und „Despotismus" auf dem Stärkersein, dem Gefühle desselben und dem „traditionsmäßigen" Festhalten daran auf: denn auch in tierischen Gemeinschaften gibt es in dem Belange eine Art „Tradition", die allerdings durchbrechbar ist. Unschwer können wir (vgl. auch bei A. Fischer) dieselbe Schlußfolgerung für primitive menschliche Verhältnisse ziehen, wobei es für unsere Betrachtung von untergeordneter Bedeutung ist, ob wir dabei an patriarchalische oder matriarchalische A denken. Die primitive A-Tendenz steht seelisch wohl dem Selbstbehauptungs- und Besitzstreben — im primitivsten Sinne verstanden — am allernächsten, sie wurzelt irgendwie in jener primitiven Tendenz zur Kraftentäußerung, in jenem ebenso primitiven Tendieren nach dem „Haben" von Gegenständen, dessen wir oft schon bei spielenden jungen Tieren so deutlich gewahr werden, um sich „durchzusetzen", sobald die entgegenstehenden Hemmungen (und das sind vor allem die gleichsinnigen Tendenzen anderer „Individuen" dieser oder anderer Art, seltener Dinge der leblosen Umwelt) überwunden werden, wobei jeder derartige Sieg zu einem Engramm zu werden scheint, das zur Wiederholung des Kampfaktes reizt; indes die Niederlage oft die antinomische S-Tendenz begünstigt. A- wie S-Tendenz scheinen also nach der neueren Tierpsychologie potentia in der Seele mindestens gewisser höherer Tierspezies parat zu liegen, um, meist wohl nur relativ und situativ, zur Geltung zu gelangen. Immerhin scheint bei höheren Tieren auch der Brut- und Jungenschutzinstinkt — gegen die Jungen selbst wie gegen die Außenwelt — irgendwie mit hineinzuspielen, ein seelisches Radikal beizusteuern. Mit verdrängten bzw. überkompensierten Sexual- oder Minderwertigkeitsgefühlen aber hat dies alles auf primitiver Stufe wohl nichts zu tun.

Wir dürfen uns wieder auf Nietzsche, der doch so viele der Freudschen und Adlerschen Lehren vorweggenommen hat, berufen, auf Nietzsche, der doch den Willen zur Macht in allen seinen Spielarten so tiefschürfend analysiert hat und der neben sekundäres, ressentimentales Machtstreben des Schwachen die primäre Energie des Starken stellt, der die Autorität von der furchterregenden Stärke ihren Ausgang nehmen läßt, die auf späterer Stufe rationalistisch die Herdeninstinkte, die S-Tendenz der Schwächeren, vortrefflich zu nutzen versteht (darin freilich wie in allem rationalen Machiavellismus sich eigentlich bereits ein Stück innerer Schwäche, ein Stück alternden Instinktes verrät, denn die junge, unverbrauchte A-Tendenz setzt sich irrational durch; davon und von Verwandtem später noch mehr). Von den exakten Soziologen erwähnt Thurnwald die Tatsache, daß das „Herrentum" schon bei den Naturvölkern als etwas „Gottgewolltes" betrachtet werde; das bedeutet für hüben und drüben, für die S- wie für die A-Seite, wohl eine Umschreibung des primären Gefühltwerdens der SAR, auf der A- wie auf der S-Seite. Fischer spricht von einem egoistisch-sozialen Führertypus, der für sein Geltungsbedürfnis, welches oft genug schon bei Jugendlichen vorhanden ist — und da sind wir schon in die individuelle Ontogenese hineingelangt —, eine „Societas" braucht. Das

„Selbstgefühl" spielt bei alledem — wir folgen dem nämlichen Autor — eine bedeutsame Rolle; der Stolz als distanzierendes Selbstgefühl ist eine gesellschaftsgezüchtete Varietät desselben (wie auf der anderen Seite Eigenschaften als Fügsamkeit oder Kleinheitsgefühl). Sehr richtig spricht Fischer von der Ursprünglichkeit primärer und als solcher wohl irgendwie bewußt werdender Unterschiede zwischen den Menschen, die als solche gesellschaftsbildend wirken, indem sich die Minderwertigeren um den charismabegabten, von ihnen im Sinne von Max Weber als Autorität gefühlten Höherwertigen als Führer scharen, indes letzterer, gleichfalls aus primären Instinkten und Antrieben nach Führung strebe; derlei psychologische und soziologische Gegebenheiten fänden sich bei allen Rassen, allüberall, unter allen Verhältnissen in gleicher Weise. Diese soziologischen Feststellungen sind mit tierpsychologischen, biologischen und ontogenetisch-psychologischen Gegebenheiten recht gut vereinbar; sie decken sich mit den hier vertretenen Anschauungen, wonach, aufeinander im sozialen Verhältnis eines Individuums zum anderen haptophor eingestellt, A- geradeso wie S-Tendenz potentia und primär antinomisch in jeder Menschenseele, freilich in individuell sehr verschiedenem Stärkegrade, parat liegen, um situativ zu entsprechender Entfaltung zu gelangen. Ähnlich Roffenstein. Die SAR ist dann im weiteren Verfolge ihrer Entwicklung im Gesellschaftsleben natürlich noch weiterer gefühlsmäßiger und rationaler Besetzungen fähig (vgl. bei A. Fischer, der sehr fein zwischen „Führer" und „Herrscher" differenziert, bei Max Weber, O. Spann, G. Roffenstein und anderen); ihren Ausgangspunkt in der Seele haben aber diese Entwicklungen unzweifelhaft in den hier aufgezeigten primären Gegebenheiten.

VI. Zur SAR in einigen Verhältnissen des staatlichen Gemeinschaftslebens

Verfolgen wir sie nun in andere Verhältnisse hinein. Da gibt zunächst einmal die doppelläufige SAR im militärischen und im beamtlichen Dienstesleben ein gutes Studienobjekt ab. Ausnahmefälle abgerechnet, lassen gerade diese Verhältnisse den genuin asexualen Charakter der SAR in einleuchtender Weise aufscheinen; wieder verfügt hier wohl jedermann, der in seinem Leben durch militärische oder hierarchische Verhältnisse hindurchgeschritten ist, über reichliche äußere sowohl wie innere Erfahrung. Die Psychologie der A-Träger erscheint hier in einer Reihe von Fällen, zum Teile vielleicht in allen Fällen, durch primären Machtwillen und primäre Geltungsfreude charakterisiert; analytisch orientierte Psychologen mögen in der hievon als Mitdeterminante kaum trennbaren Eigenliebe und Eitelkeit ein narcissistisches und damit in ihrem Sinne ein Sexualmoment erblicken, müssen aber offen lassen, daß Nichtanalytiker die sexuale Natur dieser Art Narcissismus (den Begriff in weitestem Sinne angewendet) nicht anzuerkennen vermögen. Eitelkeit, wie wir sie hier verstehen, ist freilich etwas Vieldeutiges; es gibt eine Art Eitelkeit mit äußerer und innerer Überbetonung des Geltungsbestrebens, die sich in Machtstreben bekundet und in einem Sichsonnen in errungener Macht, ohne doch etwas anderes zu sein als eine Überkompensation für im Nietzscheschen und Adlerschen Sinne zuinnerst gefühlte Minderwertigkeit; wir stellen diesen Typ der Geltungsfreude im militärisch- wie im bureaukratisch-hierarchischen Leben oft genug fest; seine Träger klammern sich vor allem an die äußeren Attribute der A. Aber wir stellen eben auch einen ganz anderen Typ darin fest, einen Typ, der sich zwar der äußeren Attribute der A gleichfalls gerne, ja mit wohlerwogener Vorbedachtheit bedient, für den sie aber weniger Selbstzweck, denn Mittel zum Zweck, will sagen zur äußerlichen Durchsetzung der aus primärem, stärkebewußtem oder aber im Dienste einer überpersönlichen Idee stehendem Machtstreben erlangten oder zu erlangenden A bedeuten.

Ein Typus der S, der ein eigenartiges Gemisch von Minderwertigkeitsgefühl und Geltungsbedürfnis in sich vereint und die Natur der Lehens-Autorität (ich möchte sie „lunare" A im Gegensatz zu der primären „solaren" A nennen), die im Sozialleben eine so sehr bedeutsame Rolle spielt, recht deutlich sich abzeichnen läßt, kommt als Ausdruck einer bestimmten seelischen Tendenz gerade im militärisch-bureaukratisch-hierarchischen Leben recht häufig und in deutlicher Evidenz vor, wenngleich in zahlreichen Schattierungen auch unter anderen Verhältnissen; er läßt sich meist von der Tendenz zur Erlangung der A (aus der nämlichen psychologischen Mischverwurzelung heraus) weder generell noch individuell irgendwie schärfer trennen. Beiden gemeinsam ist das Streben nach äußeren Symbolen des „Belehntseins", mittels deren sie sich vor anderen — und vor der eigenen inneren Unsicherheit gegenüber jener Projektion des sozialen Gewissens ins eigene Ich, die keinem sozialen Wesen fehlt — erst „legitimiert", erst „legitim" fühlen. (Der Legitimitätsbegriff und die darin wurzelnde Auctoritas — vgl. bei M. Weber, O. Spann und anderen — hat freilich neben dieser auch noch andere Wurzeln.) Man hat natürlich nicht etwa zu glauben, es sei diese Tendenz irgendwie an ein bestimmtes System gesellschaftlich-staatlicher Struktur gebunden, etwa an das monarchische; wir finden es — nur mit anderen Vorzeichen und Symbolen, eventuell mit anderen leistungs- und gesinnungsmäßigen Wertmaßstäben — ebensogut in Gesellschafts-, Staats-, Verwaltungs- und Heeresstrukturen entgegengesetzten Vorzeichens; ohne SAR und deren Auswirkung gibt es kein soziales Gebilde von auch nur kürzester Dauer, sein Richtmaß sei welches immer. Oft findet bei diesem Modus der SAR eine halb rationalistische, halb gefühlsmäßige Idealisierung statt: um den Charakter solcher S und so der oft rationalisierten Ausnützung von Minderwertigkeitskomplexen der S-Träger durch die A-Träger nach außen wie nach innen hin als einen anderen aufscheinen zu lassen, werden S mit geleisteter oder zu leistender Gefolgschaftstreue, A mit Inanspruchnahme solcher identifiziert; nun steckt unzweifelhaft in dem Begriff der Gefolgschaftstreue gegen eine Person bzw. gegen eine in dieser Person sich symbolisierende Idee ein S-Element;

es sei nur an früher Ausgeführtes erinnert; aber nicht nur ein S-Element im Sinne sozialer Triebhaftigkeit; ja in nicht wenigen Fällen bedeutet Gefolgschaftstreue geradezu Bändigung und Hinabdrängung individueller A-Antriebe oder doch mindestens anti- oder asozialer Komplexe, und vielleicht ist es darum, daß die historisch oder sonstwie „legitimierten" A-Repräsentanten im Rahmen staatlicher, militärischer oder sonstiger Hierarchien oder Geschlossenheiten (es können auch in freiwilligen Vereinigungen derlei Gegebenheiten aufscheinen) oder deren Helfer, oder aber die soziale Gemeinschaft der Schwächeren, in republikanisch aufgebauten Gemeinschaften etwa, einen diesem Treuebegriff adäquaten Moral- und Ehrbegriff schufen, dessen Hauptkomplexe für die individuelle A-Tendenz der sich stark fühlenden Individualitäten mächtige, erziehungs- und traditionserzeugte Hemmungen bedeuten sollen; sie sollen also eine S-Tendenz in solchen Individuen setzen, in denen genuin eine solche in geringerem Grade besteht bzw. als bestehend vorausgesetzt wird. Wieder dürfen wir uns hier auf die klassischen Ausführungen des größten Tiefenpsychologen, Nietzsches berufen; nur daß die Heiligung des Unterordnungs- und des Demutsbegriffes durch zum Teil religiöse Sanktion[1]) zunächst nicht so sehr für die Masse der Minderwertigen erdacht ist, bei der sie im allgemeinen als selbstverständlich vorausgesetzt wird, denn ursprünglich als Waffe der ihrer Herrschaft teils infolge äußerer Momente, teils infolge selbstgefühlter innerer relativer Minderwertigkeit sich nicht ganz sicher fühlenden Herrschenden, dann aber auch aus primärem Machtstreben dieser letzteren; demnach aus phänomenologisch verschiedenen Motiven heraus; die Einimpfung in die breite Masse entspricht ursprünglich wohl weniger dem Bedürfnis der obersten A-Träger selber, die sich dieser Herrschaft relativ sicher fühlen, als der in ihrem Namen und mit ganz oder teilweise erborgter Lehens-A-Tendenz verwaltenden oder befehligenden A-Träger subalterner Garnituren; erst in Zeiten, wo infolge zunehmender innerer bzw. äußerlich den großen Massen oder deren Repräsentanten gegenüber sicht- und fühlbar werdenden relativer Minderwertigkeit der A-Träger revolutionäre Neigungen, das heißt der herdenmäßigen S-Tendenz antinomische Regungen bei jenen offenbar zu werden drohen, pflegt die Apologetik der A-Tendenz auch ihnen gegenüber drastischer bekundet und gehandhabt zu werden. Die Geschichte des Mittelalters und auch noch der neueren Zeit illustriert dies alles aufs klarste, sie zeigt uns, wie die obersten Gewalten und deren Träger zunächst gegen die konkurrenzfähigen A-Bewerber (vor allem den Adel) vorgingen und ihm mit Hilfe der Demuts- und Gefolgschaftsheiligung das Rückgrat brachen, ihn subalternisierten, zum Werkzeug der eignen A-Tendenz zu machen verstanden; die Massen bzw. deren Repräsentanten, deren ressentimentale Tendenzen gegen die ihnen unmittelbar evidenten „kleinen" A-Träger von dem Inhaber oder Aspiranten der obersten A-Befugnis ursprünglich eher begünstigt oder, wo latent, zur Manifestation

---

[1]) Vgl. in Schillers Gedicht „Der Kampf mit dem Drachen".

gebracht wurden, wurden erst weit später als Konkurrenten um die A gefühlt und danach behandelt. Übrigens sollen diese ins Historische zurückgreifenden Feststellungen keinerlei generalisierendes Werturteil in pädagogisch-sozialem Sinne bedeuten: zweckmäßig angewendet bedeutet vielmehr die am Eingange dieses Exkurses angezogene Identifikationstendenz der herdenmäßigen S-Tendenz mit dem Komplex der Ethik individueller Gefolgschaftstreue eine gesellschafterhaltende und darum sozialpädagogisch wertvolle Verdichtung; sie bedeutet ein „Als ob", bedeutet die Einpflanzung eines „Ideal-Ich"-Komplexes in sonst schwächere Seelen, eine Ethifizierung und also Humanisierung ursprünglich herdenmäßiger Triebkomplexe; in Rathenaus gedankentiefen, sei es auch gewiß nicht in allen ihren Thesen akzeptablen Ausführungen „Von kommenden Dingen" mag man manchen verwandten Gedankengang erkennen.

Von einer primär auch nur annähernd sexuellen Tönung auch dieser zuletzt abgehandelten SAR in ihrer historischen wie in ihrer individuellen Ontogenese kann wohl nicht die Rede sein; zuzugeben ist lediglich wieder sekundäre sadomasochistische Fühlsbesetzungsmöglichkeit in Einzelfällen, wofür Geschichte wie Gegenwart kasuistische Belege liefern. In der Regel sind aber soziales und sexuelles Geltungsbedürfnis phänomenologisch und genetisch voneinander durchaus verschieden; lediglich die Attribute sozialer A werden nicht selten fallweise für sexuelle Werbung (einen ähnlichen Gedanken hat einmal Fr. Lenz entwickelt) verwendet: ein Nebengewinn aus ihrer Erlangung. Aber es ist ja nicht dieses äußere Attribut der A, welches sexuell anreizt, sondern anreizend wirkt ein Sexualobjekt, dessen Besitznahme gelegentlich auch durch die äußeren Attribute sozialer A erleichtert wird; nicht der eigene Federschmuck ist für den männlichen Vogel Libidoobjekt, sondern er ist nur Mittel, sich ein Libidoobjekt zu verschaffen. Beim Menschen vollends aber ist die Erstrebung sozialer A an und für sich nicht bedingt durch das Streben nach Erlangung sexual anziehender äußerer Attribute, sondern es bedeutet nur einen fallweise sich ergebenden Nebengewinn aus denselben, wenn sie gelegentlich ihrem Inhaber auch bessere äußere Bedingungen zur Erlangung eines Sexualpartners gewähren. Diese reinliche Begriffsscheidung tut nur zu sehr not.

Besonders klar wird dies einerseits durch die bereits einmal angezogenen Fälle illustriert, in denen soziale A- bzw. soziale S-Tendenz gefühlsmäßig oder rational durch grobmaterielle Sachbesitzkomplexe determiniert werden; und auf der anderen Seite hinwiederum durch auf dem seelischen Gegenpol stehende Fälle, wo A- bzw. S-Tendenz durch die Hingabe an abstrahierte Ideale bedingt sind, Fälle, die wir gerade wieder im Bereiche des Staatlich-Gesellschaftlichen so häufig antreffen. Man denke etwa an die Diktatorennaturen, die den Besitz der Macht lediglich im Dienste des Motivs, ihren Staat, ihre Nation, ihre Klasse über gefährliche Klippen hinwegzubringen, auf Zeit an sich gerissen und sie mit reinen Händen wieder abgelegt hatten, sobald sie ihr Werk getan hatten; oder denke an die Gestalt Mosis bei den Juden, jene Lykurgs und Solons bei den Griechen, Cincinnatus' im klassischen, Diocletians im spätantiken Rom; und als Seitenstücke an die reichlichen Fälle subordinatorischer Selbstaufopferung im Dienste eines Idealbegriffes, angefangen von Aristides. Wir können Gestalten mit solchen antinomischen und doch wieder im tiefsten Grunde verwandten Regungen — Gesetz der Verwandtschaft nichtdisparater Gegensätzlichkeiten — bis in die materialistischen Gegenwartszeiten hinein verfolgen; fallweise mögen sadomasochistische oder sexualnarcissistische Komplexe mitschwingen; im allgemeinen sind die hier wirksamen Momente transsexualer Natur.

VII. Zur SAR im Gebiete der Religionspsychologie

Wie steht es um die SAR im Gebiete des Religiösen? Bekanntlich neigt die analytische Richtung dazu, auch diese sexualpsychologisch zu erklären. Nun mag eine Überschneidung der religiösen und der sexualen Fühlssphäre in Einzelfällen gewiß vorkommen; doch haben Allers und andere unzweifelhaft recht, wenn sie grundsätzlich beide Sphären nach Art und seelischer Struktur vollkommen trennen; daran ändert es auch nichts, wenn wir feststellen, daß Freud sicherlich mit Recht eine gewisse Beziehung findet zwischen manchen kultischen Akten und Zwangshandeln; nur stimmt es eben nicht, daß Zwangserscheinungen schlechthin im Sexualpsychischen verankert sind. Es kann natürlich nicht Gegenstand dieser Abhandlung sein, sich mit der Ganzheit des religionspsychologischen Problemkreises, zumal im Sinne der (vor Jahren schon von Bresler präludierten) verdienstlichen Bestrebungen Beths zu befassen; aber ein Blick etwa in die jüngste bedeutsame Monographie von Beth genügt, um eindringlich daran erinnert zu werden, wie die Wurzel des religiösen Fühls- und Vorstellungskomplexes vor allem zu suchen ist in der fühlsmäßigen Reaktion auf das innere Erleben der ungeheuren Spannung zwischen Menschenkleinheit und Weltengröße; nicht zu vergessen der damit allerdings auch irgendwie indirekt zusammenhängenden Beziehungen zwischen Religiösem und Magischem. Auch wer rückschauend und rückeinfühlend in die Ontogenese des eigenen religiösen Denkens, Fühlens und Handelns hinabsteigt, wird wohl nur in seltenen Fällen sexuelle Radikale darin zu entdecken vermögen. Um so klarer scheint innerhalb des eigenseelischen Religionskomplexes die S-Tendenz unter eine metaphysische, die irdischen Machthaber überragende Führung auf; ganz ebenso wie sie in der Religionsgeschichte klar als solche aufscheint, am ungeschminktesten in den älteren Stammesreligionen, wo die Gottheit, oftmals in ihrem Charakter mitdeterminiert durch ahnenkultische Elemente, vielfach als dem irdischen Sippenobersten vorgesetzte überirdische oberste Stammesbehörde erscheint, als Repräsentant des stammeskollektiven Ideal-Ich, wie es sich in den lebenden Führern am Ende nie restlos personifizieren kann, vor allem aber als Mittler zwischen dem Stammesinteresse und den Naturgewalten, zu welchem Behufe die Gottheit je nach der Eigenart und Kulturstufe entweder zu einem Teil der Naturgewalt oder zum Herrn über diese idealisiert wird; die Gottheit erscheint so als Erfüllung eines Wunschkomplexes der Einzeln- wie der Stammesseele, als Produkt einer Flucht in diesen Wunschkomplex, dessen wesentliches Radikal weiter oben schon erwähnt worden ist. Es kann natürlich nicht fehlen, daß der Gottheitskomplex eben darum auch stark gefühls- und affektbesetzt ist; vor allem furchtbesetzt; Gottheitsverehrung ist daher denn auch in eigenartiger Weise aus eigen- und stammesnarcissistischen (das Wort nicht in sexualpsychologischem Sinne verstanden) und aus Furchtmotiven zusammengesetzt. Diese Doppelstruktur erklärt aber zum nicht geringen Teile auch die Tatsache, daß sowohl die S- wie die A-Tendenz der Seele des sozial lebenden Menschen in gleicher Weise eine Verankerung mit der Gottheit suchen; die S-Tendenz sucht Anschluß an die oberste Führermacht, die A-Tendenz der nicht restlos selbstsicheren Seele sucht lunare Lehnsattribute von der Legitimität aller Legitimitäten, von der Gottheit, zu erborgen, um sie im Rahmen ihrer Sphäre, je nach Situation und Bedarf, in aggressivem oder in defensivem Sinne zu verwenden. Wir verstehen jetzt die Antinomie in der Tatsache, daß Herrscher wie Beherrschte, Schwache wie Starke, jeder Teil auf seine Weise, Gottheit und Religion für sich und ihre Tendenzen zu reklamieren pflegen (Runze betont in Anlehnung an Feuerbach sehr zutreffend die Wunschkomplexstruktur des Gottheitsbegriffes); und noch eine andere Antinomie läßt sich so verstehen: in der S-Tendenz unter die Gottheit sucht sich die schwache Seele selber zu erhöhen gegenüber der A der irdischen Gewalten, indem sie sich wunschkomplexmäßig einen Rang im Reiche der Gottheit von dieser leiht, der ihr — wieder wunschkomplexmäßig — einen quasi legitimen Gleich- oder Vorrang vor der irdischen Macht anweist; im Sinne Nietzsches kann man sehr zutreffend von einer Ressentimentsreligion sprechen (vgl. bei Thurnwald); anderseits verwendet wiederum aus rationalistischen Motiven auch die auf primäres Kraft- und Selbstgefühl gestützte weltlich-soziale A in Erkenntnis ihrer möglichen Grenzen die allgemeine S-Tendenz der Menschenseelen (einschließlich der etwa in ihr selbst vorhandenen), indem sie der Gottheit und nur ihr gegenüber innerlich wie äußerlich S bekundet, um, gestützt darauf, ein um so größeres Plus an A, die nun durch die von der Gottheit gegeben scheinende Lehens-A mächtig verstärkt wird, im Rahmen des eigenen sozialen Ganzen zu gewinnen und gestützt darauf — vgl. früher Ausgeführtes — den Subordinierten den Demutskomplex zum Sittengebot zu machen; womit im Grunde nicht wenig an sozialer Erziehungsarbeit geleistet wird, da ja — dies sei ganz unbeschadet und jenseits aller weltanschaulichen Differenziertheit festgestellt — ohne den Hingabe- und Demutskomplex der Subordinierten keine, auch keine demokratisch fundierte Autorität von Dauer sein kann, gleichgültig, ob die Autorität eine rein persönlich gemeinte ist oder in der Führerperson lediglich eine Idee sich verkörpern soll; eine rein rationalistisch, noopsychisch, unthymopsychisch, unromantisch, heldenverehrungslos gefügte, sei es soziale, sei es nationale oder staatliche Gemeinschaft ist undenkbar, ihre Denkbarkeit eine Schreibtischkonstruktion ohne Lebenswärme. Um aber wieder auf früher Ausgesprochenes zurückzugreifen: wir können verstehen, daß die S-Tendenz auch in anderem Sinne rationalisierbar ist, sie wird in ein festes System (Buße, Opfer) gebracht, durch welches dem von der Gottheitsgewalt — selbst durch bloßes Sichwegwenden von der um sie sich scharenden Klientel — potentiell drohendem Schaden vorgebeugt werden soll; eine sekundäre sadomasochistische Besetzung dieser Aktkomplexe ist gewiß möglich und kam und kommt unzweifelhaft vor. Wir können weiters verstehen, daß die S-Tendenz unter die Gottheit auch die Tendenz mit einbegreift, die eigene, oft nur dunkel als solche gefühlte Minderwertigkeit in der Solidarisierung mit jener zu kompensieren, sie unter Berufung auf sie bei Handlungen und Unterlassungen gewissermaßen zu immunisieren. Und die Träger irdischer A-Tendenz hinwiederum bedurften im Sinne Nietzsches eines tunlichst nicht palpablen, der gemeinsamen Kontrolle sich also entziehenden, gegebenenfalls nur für einen beschränkten Kreis, dessen sie sicher waren, palpableren Gottheitsbegriffes, um sich bei ihren eigenen Handlungen und Unterlassungen auf einen der allgemeinen Kontrolle entrückten, rein übersinnlich gedachten obersten kategorischen Imperativ berufen zu können, also wieder in der Solidarisierung mit ihm und Belehnung durch ihn ihre persönlichen relativen Minderwertigkeiten, oder was dem gemeinen Volksverstand als solche erscheinen konnte, kompensieren zu können. Übrigens von Mosis Zeiten an ein soziologisch höchst nützliches Mittel, um menschheitliche Gemeinschaften zusammenzuhalten und anarchische Desorganisation zu verhüten; und von Übel nur dann, wenn von Haus aus durchaus minderwertige und darum zum A-Träger nicht befugte Herrscher oder Gewaltinhaber den Gottheitsbelehnungskomplex zur Legitimierung antisozialer, anethischer Eigentendenzen mißbrauchten; in welchem Falle dann über kurz oder lang die Fiktion zusammenbrechen und Anarchie die Folge sein mußte. Wenn die Konstantinsdynastie und deren Nachfolger im spätantiken Rom der heidnischen Antike so sehr schonungslos zu Leibe gerückt sind, so mag neben anderen Motiven nicht zuletzt die rationalistische Erwägung dabei maßgebend gewesen sein, daß der heidnisch-antike Gottheitsbegriff allzu palpabel und allzu intelligibel sei, um einer absolutistischen Dynastie als machtlegitimierende Stütze dienen zu können; und daß die teilweise capitis diminutio, die in dem Verzicht auf sichtbare Vergottung der Person des Kaisers selbst und in der S desselben unter die A einer nicht palpablen, nicht intelligiblen Gottheit gelegen war, sich durch die reichlichen Sicherheiten kompensierte, die in der „Legitimierung" des ihm anhaftenden Charismas durch die Gottesbelehnung gelegen war; wozu noch kam, daß eben dieser nämliche Gottheitsbegriff, da ursprünglich einer Religion der Schwachen und der Liebe entstammend, eine dem Geiste der skeptisch gewordenen Antike durchaus fremde Demut (vgl. etwa bei Birt), eine allgemeine S-Tendenz unter die Gottheit und deren

Vertreter auf Erden, also den als gottbegnadet aufscheinenden christlich gewordenen Kaiser als wesentliches Gebot in sich begriff, die eine dauerhaftere Stütze der Kaisermacht zu werden versprach, als es die wechselnde Söldner- und Prätorianergunst gewesen war; und das schien in einem Zeitalter allgemeinen Verfalls, Verfalls auch der Persönlichkeiten, und eben darum auch eines Mangels an geborenen, berufenen A-Trägern, dergleichen wir in der Frühantike und noch in der früheren Kaiserzeit, zuletzt noch in der Person Diokletians finden, offenbar von großer Wesenheit. Die Konzeption mußte damals nur darum Schiffbruch erleiden, weil das Christentum durchaus keine Nationalreligion sein wollte und daher — im Sinne Spätroms — nicht patriotisch-staatserhaltend, sondern nur als zeitliche Dynastenstütze wirksam war, noch dazu als Stütze von Dynasten, die (von Konstantin selbst und von Theodosius abgesehen) wohl zu den schlimmsten und unpatriotischesten gehörten, die je über Rom geherrscht haben. In späteren Zeitläufen und anderen Reichen, deren Christentum sich nationalisiert hatte, sehen wir aber dann die dynastiestützende Kraft des unpalpablen Gottesbegriffes (der freilich dem Volksempfinden durch reichliche Symbolisierungen weit entgegenkam) in unzweideutiger Weise als solche aufscheinen. Wir sehen: Die Tendenz zur SAR wirkt bei den Religionsbildungen sehr entscheidend mit, aber diese selber fördern wiederum — dank aller der früher abgehandelten Antinomien in den Einzeln- und Kollektivseelen — die Entwicklung von Besonderungen dieser SAR gerade im Religiösen und von da ausstrahlend im sozialen Leben überhaupt, von zahlreichen Abbiegungen, Brechungen, Zwischeninstanzensetzungen im Gefüge dieser Komplexheiten, dies alles dank dem Wechselspiel der in der SAR, zumal in der religiösen SAR, zum Ausdruck kommenden seelischen Antinomien und der an sie angesetzten Rationalisierungen und sekundären Fühlsbesetzungen.

VIII. Bemerkungen zur SAR im allgemeinen sozialen Leben

Aus allem bisher schon Ausgeführten ergeben sich geradlinige Rückschlüsse auf die SAR-Einstellung des Einzelindividuums in den verschiedenen Bedingnissen und Situationen des sozialen Lebens im weitesten Sinne, im staatlichen wie im gesellschaftlichen, im religiösen wie im nationalen Verbande. Allenthalben dient dieser Verband nicht zuletzt als Refugium, enthält der Verbandskomplex im Bewußtsein des Einzelindividuums, einerlei, ob er sich als ständisches, gesellschaftliches, staatliches, nationales, religiöses Zugehörigkeitsgefühl bzw. -bewußtsein nach innen wie nach außen kundgibt, neben echten altruistischen bzw. Sozialfühls- und ihnen adäquaten ideell-hochwertigen Vorstellungskomponenten als Teilradikale auch individuelle Insuffizienzkomplexe, die in dem bezüglichen Zugehörigkeitskomplex ihre Kompensierung suchen und finden; Insuffizienzkomplexe, die natürlich nicht als pathologische, sondern als durchaus physiologische seelische

Reaktionen auf das Gefühl und die Erkenntnis der relativen Ohnmacht des einzelnen innerhalb größerer Gesamtheiten anzusehen sind. In der — wie immer getönten — Gruppenzugehörigkeitsidee findet der einzelne die Ergänzung für die individuelle Begrenztheit, in ihr erhebt er sich über sich selbst, in ihr freilich findet er nicht zuletzt Apologie und Schutz für individuelle anethische Regungen und Antriebe, die durch die A des Gesamtheitskomplexes bzw. des Gesamtheitsführerkomplexes Lehnslegitimierung erhalten; und wenn der einzelne als Teil einer Masse — im Zeitalter der Zeitungen und der übrigen hochentwickelten Mitteilungstechnik braucht eine Masse nicht immer unbedingt nur räumlich-global gegeben zu sein, um als solche zu wirken — so oft hemmungsloser handelt denn als Einzelindividuum, wenn da auch in für gewöhnlich nicht anethischen Menschen ein anethischer Symptomenkomplex (im Sinne Albrechts) als Ausnahmereaktion aufscheint, wenn umgekehrt für gewöhnlich mehr egozentrisch orientierte Seelen in solcher Ausnahmesituation nicht selten geradezu altruistische Hingabe im Sinne von Mut und Tapferkeit bekunden: dann ist das wohl nicht nur als Folge einer Bewußtseinseinengung und -änderung im Affekt und durch Suggestion seitens einer Vielheit aufzufassen, sondern es ist dies, teilweise wenigstens, wie ein Blick ins eigene Innere zu lehren scheint, auch zu erklären durch ein Element der Bejahung des sonst durch Minderwertigkeitsgefühle, Furcht, Feigheit oder andere Komplexe gehemmten Latenz- oder Ideal-Ichs, welches durch die A des Plurals bzw. der Führer desselben temporär enthemmt wird; wie umgekehrt gelegentlich wieder ebendiese A die etwa in einer Massenpanik oft triebmäßig hervorbrechende Feigheit von sonst, wenn sie durch keine Anlehnung an einen Plural sich gedeckt wissen oder fühlen, aus anerzogenen Motiven tapferen Personen vor dem eigenen sozialen Gewissen und dem der anderen legitimiert und damit rechtfertigt.

Es kann sich gerade im Sozialleben, dank der Verschlungenheit der Motive, wie wir sie früher aufgezeigt haben, auch eine Reihe eigenartiger Verschiebungen ergeben. Attribute der A, die ursprünglich Symbole einer besonderen Hochwertigkeit ihres Trägers sein, ihn als eine sozialbiologische Plusvariante sichtbar aufscheinen lassen sollten, werden von Individuen angestrebt, die im tiefsten Grunde ganz oder teilweise sozialbiologische Minusvarianten sind; werden angestrebt eben zur Kompensation dieser ihrer Insuffizienzen; und gerade weil diese bloßen Attribute, ursprünglich nur symbolgemeint, in älter gewordenen Gesellschaften an und für sich A ausstrahlen (erborgt-lehnsmäßige A), weil sie ein Charisma ihres Trägers anzudeuten scheinen, werden sie auch von solchen Mitgliedern solcher Gesellschaften angestrebt, deren Eigenpersönlichkeit ihnen eigentlich ermöglichen würde, sich auch ohne solche äußere Attribute oder Ränge, freilich nach erheblicherem und länger währendem Ringen, irgendwie A zu verschaffen und die S eines von solcher A angezogenen Kreises. Wir können dann sehen, wie (in sozialbiologischem Sinne) geborene A-Anwärter von (in sozialbiologischem Sinne) usurpatorischen A-Trägern mit subalternen

A-Attributen sich belehnen lassen, um derart, unter Kraftersparnis, geschwinder und leichter zur Ausübung einer, sei es auch nur subalternen A zu gelangen. Es gibt in allen Gesellschaften und Verbänden, sie seien monarchisch oder republikanisch, plutokratisch oder antikapitalistisch strukturiert, solche Usurpatoren der obersten A, die durch Herkunft, Konstellation oder Betrug im Besitze dieser A sind und den sozialbiologisch geborenen A-Anwärtern keine andere Möglichkeit des Anteils an dieser A ermöglichen, als den, daß sich diese letzteren selbst zu einer S zwingen, die ihnen innerseelisch oft wider Erkenntnis und Gefühl geht. Das äußere Verhalten entspricht somit gerade in höheren und älteren Gesellschaftsstrukturen oft in keiner Weise der prima intentio naturae bezüglich der SAR-Erstellung. Doch können Erziehungseinflüsse und sekundäre Tradition selbst innerhalb dieser die mannigfachsten Verschiebungen herbeiführen; Wandlungen, dergleichen wir unter dem Einflusse zuerst des Christentums und später des Absolutismus, namentlich im germanischen Kulturkreise, verfolgen können; denn wie grundverschieden ist der soldatische Ehrbegriff des freien altgermanischen Gefolgsmannes, aufgebaut auf dem Komplex der grundsätzlich freiwilligen Hingabe an eine selbstanerkannte und erst dadurch von jedem einzelnen Freien legitimierte Führer-A, von dem neugermanischen und seiner Heiligung des Gehorsams gegenüber der auf freiwillige Anerkennung durch die einzelnen Geführten grundsätzlich verzichtenden und ihre Legitimierung, gleichgültig, ob monarchisch oder sonstwie strukturiert, irgendwie im Transzendenten suchenden Führer-A! Eine Feststellung, die gewiß kein Werturteil bedeutet, weil die neuere Zeit einen allzu weitgehenden Einzelfreiheits- und Persönlichkeitskult, wie er dem altgermanischen Individualismus so wohl zu Gesichte stand, ja gar nicht gebrauchen könnte; später sollen denn daraus auch die entsprechenden medizinisch-pädagogischen Schlußfolgerungen gezogen werden.

Aber auch die geschlossene Hierarchie der heutigen Staats- und Gesellschaftsordnung kennt Situationen und Relativitäten, in der die in ihr geltenden SAR sich vorübergehend verschieben. Denn die A auch in der modernen Hierarchie versagt in bestimmten außergewöhnlichen Situationen, sie ist zugeschnitten auf gesetzmäßig zu erfassende Verhältnisse, ganz wie die S-Tendenz. Oft bricht in außergewöhnlichen Situationen durch alle Erziehungs- und künstlichen Züchtungseinflüsse und die dadurch bewirkten Einstellungen hindurch eine — situativ bedingte — völlige Verschiebung der SAR, freilich meist nur vorübergehend; cessante causa cessat effectus. In einer Ausnahme- oder Katastrophensituation etwa wird oft — unbeschadet aller äußeren, aber auch unbeschadet aller sonst anerkannten innerseelischen Rangverhältnisse — der Beherzteste, Praktischeste, der Augenblickslage überhaupt am meisten Gewachsene temporär als Führer anerkannt, dessen A sich alle anderen unterschiedslos triebmäßig subordinieren, solange die gegebene Situation währt; kaum ist das Normverhältnis wiederhergestellt, tritt derlei Gelegenheits-A wieder in den Schatten zurück und wird die Gelegenheits-S gegenstandslos. Und wie oft wird ein seiner äußerlichen Rangstellung nach weit hinten stehender Arzt in einer Situation, da es auf ihn ankommt, temporär zur führenden A einer sich ihm temporär subordinierenden Gruppe, innerhalb der sich Individuen zusammenfinden können, die ihn nicht nur an äußerem Rang, sondern auch an allgemeinen Führerqualitäten (eben mit Ausnahme der konstellativ in Betracht kommenden ärztlichen) weit überragen können. Solcher Beispiele ließen sich ungezählte anführen. Wir entsinnen uns: schon unter Schuljungen ist der „Führer" im Geistigen nicht immer identisch mit dem Führer bei — Balgereien! Auch diese besonderen Verhältnisse haben also ihre Ontogenese.

IX. SAR und Hörigkeit

Es genügt, das Wort „Hörigkeit" anklingen zu lassen, um sogleich eine jener Situationen vor Augen zu haben, in denen die SAR in pathologischer Gestaltung sich offenbaren kann. Sicherlich ist Hörigkeit in bestimmten Grenzen, praktisch wenigstens, noch nicht naturnotwendig als ein pathologischer Zustand zu qualifizieren; es gibt auch Andeutungen von Hörigkeit, die noch physiologisch genannt werden können, so jene vom Kind zu den Eltern, von der Ehegattin zum Ehegatten; solche Hörigkeit kann wohl eine logische Folgeerscheinung der SAR sein; nur daß in dem Begriffe der Hörigkeit doch noch ein anderes Element darinnensteckt, etwas, was über die SAR-Linie hinausreicht, ein Element der völligen und doch im tiefsten Grunde sinnwidrigen, weil nicht in lebenerhaltenden, physiologischen Triebhaltungen wurzelnden, daher letzten Endes vor allem irgendwie eine pathologische Persönlichkeit voraussetzenden Hingabe der ganzen Person an eine andere, dank dem suggestiven Einflusse dieser letzteren, der von jenen Faktoren, auf denen sich die SAR aufbaut (mag auch diese äußerlich sich des suggestiven Weges bedienen müssen), doch einigermaßen verschieden ist; in dem Begriffe der Hörigkeit steckt nicht einfach jene durchaus physiologische subordinatorische Unterordnung unter eine Autorität, es steckt darin der Unterton des Begriffes persönlicher Bindung, nicht über Zeit und nicht in umgrenzten Belangen, wie so oft bei der SAR, sondern die Gesamtheit der Persönlichkeit versklavend, versklavend nicht notwondig nur auf dem Wege der SAR — der dabei mitbeteiligt sein kann —, sondern auch auf anderem Wege, etwa kraft rein gewohnheitsmäßiger oder rein sexualbiologischer oder andersartiger (z. B. zwangsneurotischer) Bindung; der Hörige kann, muß aber nicht die A seines „Despoten" innerlich anerkennen, er kann sie unter Umständen innerlich anerkennen, er kann sie unter Umständen innerlich entschieden ablehnen, es selbst äußerlich energisch zum Ausdrucke bringen und gleichwohl mehr minder sklavisch an den „despotischen" Teil gekettet sein. Umgekehrt strebt der „Despot" im Hörigkeitsverhältnis oft weder aus Selbstgefühl noch aus Minderwertigkeitsgefühl noch an und für sich nach innerlicher A bzw. nach S seines Sklaven: ihm genügt es vollauf, durch welche suggestiv wirkenden Mittel immer seinen Sklaven an seine Despotie zu ketten. Die beiden Kreise der SAR und der Hörigkeit, so sehr sie sich unzweifelhaft in vielem überschneiden, sind also nicht identisch, es kann SAR ohne Hörigkeit, es kann — noch häufiger — Hörigkeit mindestens ohne innerliche, also wirkliche SAR sein.

Es führt aber gewiß ein breiter Brückenweg von den bereits pathologischen Graden der SAR zu den auch im praktischen Sinne pathologischen Formen und Graden der Hörigkeit. Insbesondere in Fällen, wo einerseits diese sexual bedingt ist und wo anderseits jene starke sekundäre Sexualfühlsbesetzung darbietet. Sehr bedeutsame Grenzfälle geben da die Gebiete der seelischen Infektion, der Induktion, der seelischen Masseninfektion ab. Auch wo, wie bei hypnotischen Prozeduren so häufig, ein „magisches“ Element mitschwingt, gibt es breite Berührungen zwischen SAR und Hörigkeit. Ähnliches gilt bezüglich der Hysterie. In allen diesen letztangeführten Fällen nämlich gründet sich die SAR nicht nur auf eine normalpsychologisch verstehbare S bzw. A, auf eine in ihren Elementen noch im Normalpsychologischen wurzelnde A-Fähigkeit der A-Träger, auf eine noch in gesunden sozialen Instinkten und Trieben fundierte S-Tendenz gegenüber diesen: sondern es spielt allüberall da ein irgendwie pathologisches Substrat mit hinein, die S-Tendenz wie die A-Tendenz und A-Fähigkeit determinierend und die dergestalt sich konstellierende SAR in ihren unterschiedlichen Spielarten in den einzelnen Fällen färbend, so daß diese alsdann einen anderen als den normalpsychologischen Aufbau an sich hat; speziell auch spielen in derlei Fällen und Situationen sexuale Fühlselemente, oftmals an sich pathologischer Struktur, keine geringe Rolle innerhalb der Bindung zwischen S-Träger und A-Träger; und ganz ähnlich wie in Hörigkeitsverhältnissen kann hier der S-Träger seiner seelischen Grundbestimmung nach auf der Seite der Plusvariante, der A-Träger auf der Seite der Minusvariante stehen; also eine wahre Inversion.

Das Sexualverhältnis, als solches rein erfaßt, muß an und für sich noch keine SAR setzen, obgleich es insonderheit für den weiblichen Teil fast stets Unterordnung bedeutet; allein die Unterordnung erfolgt primär nicht auf sozialinstinkt- bzw. sozialtriebmäßiger Grundlage, sondern ist eine Unterwerfung nach Kampf und auf Zeit; sie kann Hörigkeit bedingen; die innere Anerkennung dauernder oder auch nur vorübergehender A des unterwerfenden durch den unterworfenen Teil ist aber nicht notwendig in diesem Bindungsverhältnisse gegeben, wenn auch eine sehr gewöhnliche Folgeerscheinung. Nicht zu leugnen ist aber auf einer gewissen optimalen, sei es individuellen, sei es kulturellen Entwicklungsstufe, auf der Sexual- und Sozialtendenzen in glücklicher Weise gemengt und sexualer und A-Wille zu einem glücklichen Gesamtmachtwillen verschmolzen zu sein pflegen — ganz primitive auf der einen, überfeinert-dekadente Entwicklungsstufen auf der anderen Seite scheinen oft einen Nichtparallelismus beider Tendenzen zu ergeben —, eine häufige Konvergenz der Tendenzen dieser wie jener Art, sowohl auf der A- wie auf der S-Seite, will sagen: die Evidenz von A-Fähigkeitsattributen in sozialem Sinne gilt als eines der notwendigen Erfordernisse, um im Kampfe um die Unterwerfung des Weibes Aussicht auf Obsiegen zu haben, wird sozusagen zum unentbehrlichen sekundären Geschlechtsmerkmal; und es gilt ein Begehren nach dem Weibe nur für denjenigen von der Sitte erlaubt, dem soziale A-Fähigkeit zukommt. Allerdings liegen in dieser Verquickung die Keime zur Auflösung derselben: denn sie bedingen ein Streben nach rein äußerer Evidenz der A-Fähigkeit bzw. nach deren rein äußeren Attributen, auf Grund deren von den S-Trägerinnen die A-Fähigkeit beurteilt zu werden pflegt, führen also zu Täuschungsmanövern auf der A-, zu Instinktverirrungen auf der S-Seite (vgl. verwandte Gedankengänge bei Fr. Lenz) der Geister (A hier mit maskulin, S mit feminin identisch); Dinge, die, mit der Zeit in ihrer Unwahrhaftigkeit erkannt, allmählich zu einem Ausschütten des Kindes mit dem Bade und zu einem Dehiszieren der beiden Tendenzen führen, wobei auf der einen wie auf der anderen Seite meist sozialbiologische Minusvarianten die Nutznießer sind, zum Schaden von Eugenetik und Kultur, die einer sozialbiologisch richtig funktionierenden SAR nicht entraten können. Man erkennt aber jedenfalls aus alldem die ursprüngliche Nichtidentität der SAR und der Sexualtendenzen, die nur so häufig verwischt erscheint durch Konvergenz und Verdichtung. Übrigens zeigt sich die erhebliche Verschiedenheit zwischen den Bedingungen und der Grundstruktur der Sexualrelation und der SAR auch in der physiologisch bedingten, so sehr häufigen Kurzschlägigkeit der Sexualbindungsreaktion, die nicht selten vor dem Koitusakte ebenso stark ist, wie sie nach ihm schnell absinkt, und zwar auch beim weiblichen Teile, sobald sich das „omne animal post coitum triste" beim männlichen Teile und damit die oft so sehr fatal wirkende Diskrepanz der Sexualerregungskurven geltend macht. Wenn anderseits, wie es ja in Geschichte und Leben vorkam bzw. vorkommt, starke Frauen von männlicher Art soziale oder individuelle A über Männer gewinnen, dann handelt es sich so gut wie stets nicht nur (oder überhaupt nicht) um sexuelle Fundierung derselben[1]). Natürlich darf derlei nicht mit ähnlichen Fällen pathologischer Hörigkeit verwechselt werden, wie sie in feministischen Epochen auch als Massenerscheinung vorkommt, so im verfallenden Römertum, im verfallenden Rittertum des Mittelalters, im Ausgange des ancien régime und in den Auswüchsen des auch auf Europa übergreifenden modernen Amerikanismus: sie werden, wenn nicht zeitgerecht eine gesunde Reaktion dagegen einsetzen sollte, dank ihrer Naturwidrigkeit die Menschheit in die Primitivitäten des Matriarchats zurückwerfen; und sind überhaupt kulturwidrig (vgl. bei Lenz, mir, bei van de Velde und anderen).

Da dem Arzte nun einmal in der Regel vor allem pathologische Reaktionen unterkommen, kommt der ärztliche Psychologe besonders in Gefahr, in der Sexualrelation, die so häufig im Mittelpunkte patho-

[1]) Auch die Erotischen unter den starken Frauen (wie Katharina die Große) haben nicht durch ihre Erotik, sondern neben ihrer Erotik dank ihren nichterotischen Potenzen geherrscht.

logischen Geschehens steht, die Matrix der SAR zu erblicken. Und doch ist dies nicht zutreffend, sind die beiden Relationen begrifflich, genetisch und phänomenologisch trennbar. Aber sie haben unzweifelhaft auch unter physiologischen Verhältnissen ihre Überschneidungen untereinander; und vollends unter pathologischen Verhältnissen gibt es deren besondere Möglichkeiten auf der einen, freilich auch abnorme Dehiszenzen auf der anderen Seite.

X. Die SAR-Psychotherapie und ihre Voraussetzungen

Wir kehren wieder zu der SAR im Verhältnisse Arzt : Patient zurück, mit der wir uns früher und mehrfach bereits befaßt haben. Von der seelischen Struktur dieser Sonderart der SAR war bereits die Rede, insbesondere vom Gesichtspunkte der Abgrenzung sexualer und transsexualer Faktoren dabei. Man darf unzweifelhaft sagen, daß, wie das Wirken der SAR schon im allgemeinen grundsätzlich eine wichtige aufbauende Funktion im sozialbiologischen Sinne bedeute, der Sonderfall, den das Verhältnis zwischen Arzt und Patienten bedeutet, gleichfalls eine Grundlage abgebe, auf der die SAR ihre segensreiche Wirkung entfalten kann; unter der Voraussetzung natürlich, daß der ärztliche A-Träger auch den Voraussetzungen ärztlicher A entspricht. In der Tat wird die SAR vom kundigen Arzte, bewußt oder doch halbbewußt, dem Klienten gegenüber entsprechend genutzt; ihre Nutzung stellt ein sehr wesentliches Stück praktischer medizinischer Psychologie dar.

Es kann bei der starken thymopsychischen Besetzung der SAR, namentlich auf der S-Seite, nicht fehlen, daß eine reichlich breite Überschneidung mit der Suggestion-Suggestibilitäts-Relation stattfinden muß. Suggestibilität ist gewiß nicht identisch mit S-Tendenz, Suggerierfähigkeit nicht mit A-Fähigkeit; Suggestibilität ist eine individuell und gradweise abgestufte allgemeine Eigenschaft der Seelen, Suggerierfähigkeit desgleichen; auch sie beide sind von eminentem und aufbauendem sozialbiologischem Werte; sie halten sich aber im Einzelfall keineswegs immer in der nämlichen Relationslinie wie die SAR; suggerierbar kann auch der A-Träger durch den S-Träger sein. So viel aber läßt sich sagen, daß Suggestibilität etwas allgemeines, phylogenetisch und ontogenetisch noch älteres sei als die SAR und daß sie vielleicht als die notwendige Voraussetzung anzusehen sei, unter der SAR überhaupt erst möglich, gleichsam ein Fluidum, in dem allein SAR denkbar sei. Die SAR bedient sich denn auch der Suggestibilität und der Suggerierfähigkeit auf den Wegen ihrer Auswirkung; erleichtert wird dies durch die von mir und später namentlich von Bleuler immer wieder betonte wesentlich affektive, thymopsychische Note der Suggestibilität.

Psychotherapie, ärztliche Therapie überhaupt — denn eine solche ohne ein Element seelischer Behandlung ist bloße Technik — kann sich schlechterdings nicht entfalten ohne SAR; und ebendarum auch nicht ohne ein Stück Suggestion auf der einen, Suggestibilität auf der anderen Seite. Gewisse psychotherapeutische Richtungen — nicht nur jene Freuds und Adlers — mühen sich, das Element der SAR und der Suggestion auszuschalten; sie streben nach einem mehr rationalen Verhältnis zwischen Arzt und Patient und glauben, auf diesem Wege Psychotherapie zu entpersönlichen, zu einem rational zu handhabenden Technizismus umformen zu können, obwohl gerade die Grundlehren der Freudschen wie der Adlerschen Schule in ihrem Aufbau schon gegen diese These zu orientieren geeignet wären, woraus übrigens einige der Hauptträger der Freudschen Lehren, wie Jones und Ferenczi, bekanntlich auch die Konsequenzen gezogen haben, sei es auch in einseitigem Sinne. Indes, außerhalb des Bereiches aller dieser Schulen, dürfte es wohl wenige geben, die glauben, daß Suggestion aus Psychotherapie, welchen Vorzeichens immer, ausschaltbar sei und daß es rein rationalistisch-logisierende Psychotherapie ohne Einschaltung der SAR geben könne; erinnert sei nur an die Ausführungen in einem früheren Kapitel. Es wäre in der Tat gänzlich unpsychologisch, derlei anzunehmen; ohne den rein persönlichen Faktor geht es in der Psychotherapie nicht ab, immer wieder sucht der Klient fühls-, triebmäßig im Arzte den A-Träger, findet ihn in ihm oder idealisiert sich ihn wenigstens als solchen, als den Repräsentanten eines, wenn auch nur asymptotisch erreichbaren Ideal-Ichs, als den Führer aus dem Sumpfe der Verstrickung des Krankseins, insonderheit des neurotischen Krankseins; diese Führerschaft prästiert ein jeder Psychotherapeut und jeder ringt dabei, machtstrebend, nach der Anerkennung seiner A durch die S-Tendenz des Klienten, nicht zuletzt gerade Analytiker und Individualpsychologen, indem sie ihre Klienten in die Bahnen ihrer psychischen Denkrichtungen hineinzwingen.

Diese letztere Feststellung bedeutet ganz und gar nicht etwa die Behauptung, als gäbe es nicht Individualseelen, die durchaus eingestellt sind gerade auf diese Arten psychotherapeutischer Methodik, die sozusagen haptophor dafür strukturiert, empfangsbereit dafür sind; ihren anlage- und zum Teil wohl sicherlich auch erlebnisbedingten seelischen Anfälligkeiten kommen diese — scheinbar! — vor allem rationalisierenden Methoden besonders entgegen. Fälle solcher Art sind ja offenbar die empirische Basis gewesen, auf der Freud, Adler, in gewissem Sinne auch Dubois (dessen Spuren ich selber in früheren Zeiten mehr zu folgen bemüht war als heute, wo ich logisierende Überredungstendenz allein ohne energische Nutzung der SAR für viel zu zeitraubend und trotzdem oft unzulänglich halte) und andere hervorragende, am Ende nicht vom Schreibtisch, sondern von der Praxis des Lebens herkommende Therapeuten ihre Systeme konstruiert haben. An der Existenz solcher Fälle ist um so weniger zu zweifeln, als deren nicht nur jeder Neuropsychopathologe eine Anzahl kennt, sondern als ein — scheinbar — rationalisierendes Sichselbstklarwerden über das eigene Seelenleben und seine Inhalte, innerhalb gewisser optimaler Grenzen freilich, bei den meisten Neurotischen einen Heilfaktor gegen jene Komplex- und Motivverstrickungen abgibt, daran es kaum in einer Neurose fehlt; kein Psychotherapeut, welcher Schule immer, hat je ganz darauf verzichtet; es sei etwa auf die in vielen Stücken sehr vernünftigen, wenngleich theoretisch und auch sonst nicht durchgehends akzeptablen Thesen Neutras verwiesen oder auf die jüngsten Ausführungen Kogerers, auf Schultz, Kronfeld, Bumke und viele andere. Es gibt Naturen, denen eine zu sehr betonte, synthetische Zügelung, ein Zurechtreiten im Kehrerschen Sinne, weniger zusagen mag, zumal Personen masculini generis, deren männliches Ehr- und Selbstgefühl logisierendes Rationalisieren vorziehen mag, oder weibliche Individuen, bei denen ressentimentale Überempfindlichkeit (vgl. bei van de Velde und anderen) die sonst so sehr charakteristische feminine Subordinationstendenz allzusehr überlagert, die auch in ihren Schwachheiten auf die Prätentionen der „Dame" — das Wort im Sinne der modernen Rassenbiologie (vgl. bei Lenz, bei mir, bei van de Velde und anderen) verstanden — pochen (habeant sibi...); hier wird der Schein der Ausschaltung von Suggestionswirkung und SAR für den Klienten schonender und in diesem Sinne besser angepaßt sein, wenigstens in der ersten Zeit. Es mag auch zutreffen, daß einerseits nordrassische Persönlichkeiten mit ihrer oft starken individuellen Selbstgefühlsnote, anderseits ostjüdische Persönlichkeiten mit ihrer stark grüblerisch-skeptisch-logisierenden Note, daß im allgemeinen Schizothyme (zu denen so viele Zwangsneurotiker zu zählen sind oder deren Typ sie doch nahestehen) im Sinne Kretschmers auf rationalisierende Psychotherapie besonders eingestellt sind. Hier ist rationalisierende oder doch den Schein des Rationalisierens wahrende Wachbehandlung gewiß meist am richtigen Platze, hier ist es angezeigt, Suggestion und SAR, zu Beginn wenigstens, mehr diplomatisch-machiavellistisch einschleichen zu lassen; hier bewährt sich — in abgeschwächtem Maße versteht sich —, was Spielmann vor vielen Jahrzehnten schon hinsichtlich mancher Psychotischer niedergeschrieben hat: die Konkretisierung unklarer Gefühle in klar aufscheinende Ideengehalte bedeute eine Art relativer seelischer Entspannung, Erleichterung. Auch die rationalen Bedürfnisse des behandelnden Arztes selber mag solche Methodik mehr befriedigen als die Behandlung mit SAR und Suggestion. Die Hauptsache aber bleibt immer wieder: primum non ratiocinari, sed adjuvare et — non nocere! Daher es als nicht angängig bezeichnet werden muß, Indikationen, die für bestimmte Typen gelten, generalisierend auf andere, andersgeartete anzuwenden; zumal letztere die Mehrheit der Neurotiker auszumachen scheinen. In der Tat sieht jeder Praktiker, daß die „rationalisierenden" Methoden der Psychotherapie in nicht wenigen Fällen nicht nur keinen Nutzen stiften, sondern von der Psyche der in Betracht kommenden Neurotiker als inadäquat abgewehrt werden, ja sogar schaden können, wo die Seele des Neurotischen nach einer ganz anderen Art der Pädagogik verlangt und die ihr nicht angepaßte Aufzäumung geradezu schmerzlich empfindet, durch sie tief verwundet wird. Ganz abgesehen davon, daß das Hauptziel aller Psychotherapie vor allem und wenn irgend möglich nur darin bestehen kann, in Seelenwunden nicht herumzustochern, sondern sie vernarben, unter zweckbewußter Vernachlässigung ausheilen zu lassen. Die Methode der Wahl muß der Eigenart des Falles angepaßt werden; aber die Methode der Wahl scheint in der Mehrzahl der Fälle nicht langwierige, oft zweischneidige Seelenzergliederung, bei der vor lauter Zergliedern die ungleich wesentlichere pädagogische Synthese zu kurz kommt, sondern beherzt zupackende Pädagogik zu sein, welche das Neurotische durch zweckbewußte Vernachlässigung tunlichst zu nullifizieren und andere Werte in die Zentralstellung der Seele zu bringen trachtet; und die vornehmsten Hilfsmittel solcher aufbauender Pädagogik bietet die SAR. Wo es sich vollends um die Bewältigung eines größeren, zahlreicheren psychotherapeutischen Materials handelt, kommt man, Ausnahmefälle abgerechnet, mit den zeitbeanspruchenden, individualistischen Methoden Freuds und Adlers nicht durch.

Es ist selbstverständlich, daß die Herstellung und Ausnützung der SAR nicht Selbstzweck ist, als solcher auch nicht einmal aufscheinen darf; sie ist lediglich Mittel zum Zweck, und dieser Zweck liegt in der Aufzeigung eines Zieles und der energischen, von den neurotischen Beschwerden und der Beschäftigung mit ihnen ablenkenden Anspornung, es zu erreichen; dieses Ziel hat ein erstrebenswertes, bzw. vom Neurotischen bereits latent ersehntes Ideal-Ich im Sinne von Schilder und Kauders zu sein. Selbstredend ist eine vorangehende erkundende Erforschung der Persönlichkeit und ihrer Anamnese vorher erforderlich; allein zu therapeutisch-praktischen Zwecken bedarf es einer monatelangen Analyse — deren Ergebnisse in rein erkenntnismäßiger Hinsicht unzweifelhaft belangreich sind — nach was immer für einer Methode in der weit überwiegenden Mehrzahl der Fälle — etliche kompliziertere und anspruchsvollere Ausnahmeindividualitäten beiseite gelassen — ganz gewiß nicht. Es hat nämlich in der Regel wohl ein jeder Mensch mehrere verschiedene Ideal-Ichmöglichkeiten in sich; und es lassen sich ebensooft diese latenten Potentiale auf bestimmte, leicht als solche zu erfassende Grundtypenradikale zurückführen, in die aus dem Sumpfgebiete neurotischer Verwicklungen die Patientenseele hineinzubugsieren und die durch Affektivitätserfüllung zu aktivieren, die eigentliche therapeutische Aufgabe des Arztes ist; die nachträgliche Kleinarbeit kann man dann in der Regel, anfangs unter einer gewissen ärztlichen Oberaufsicht, dem Rekonvaleszenten selber und dessen gesundender Willenspersönlichkeit überlassen. Die Adlersche Schule sucht diese Aufgabe bekanntlich durch Hinführung zur Sublimierung, Sozialisierung des egozentrischen Geltungsstrebens, zu lösen; gewiß ein für mancherlei Fälle gangbarer Weg. Was aber doch in der Mehrzahl der Fälle die Hauptsache bleibt, das ist die Aktivierung des Radikals aller Radikale, des Gesundheitswillens, der Freude am Gesundsein als solchem, des aktiven Festhaltens an der Gesundheitseudaimonie; daß zur Erreichung dieses Zieles die Schärfung und Stärkung sozialer Gefühle ein sehr wesentliches Hilfsmittel abgibt, ist gewiß richtig; aber dieses Hilfsmittel kann in vielen Fällen weit weniger durchschlagskräftig sein als etwa der Appell an egozentrische Geltungsbestrebungen, die nicht auf Minderwertigkeitsgefühl, sondern auf Kraftgefühl basieren. Es ist demnach eine Art Umschichtung, ein Umbau der seelischen Persönlichkeit pädagogisch in die Wege zu leiten, eine Umwertung der Lebenswerte, die Lust am Kranksein, die irgendwie in jedem Neurotiker steckt, durch die Lust am Gesundsein zu ersetzen. Wir erinnern uns, daß bei manchem von uns in der Kindheit die Gefahr bestand, an dem Schlaraffenleben eines „enfant gâté“ Gefallen zu finden, wie wir es etwa in der Rekonvaleszenz nach überstandenen Kinderkrankheiten dank den uns da zuteil werdenden kleineren und größeren Begünstigungen der erdenklichsten Art genossen haben; Aufgabe unserer Erzieher war es da bekanntlich, uns im richtigen Momente resolut aus dieser halb gespielt, halb ernst an die noch bestehenden Krankheitsreste sich klammernden, in ihrem markierten Gesundheitsstreben nicht restlos aufrichtigen Schlemmertendenz herauszureißen, unter kräftiger Anspornung der jugendlichen Urfreude am ringenden Erproben der eigenen Kräfte und der — in weitestem, nicht sexualem Sinne verstanden! — narcissistischen Lust an wohlerarbeiteter Selbstzufriedenheit. Nicht unähnlich, vielmehr nahe verwandt, ist die beim Neurotiker zu erfüllende heilpädagogische Aufgabe. Sofern in ihm noch Möglichkeiten eines Gesundheitsgewissens manifest oder doch latent gegeben sind — wo dies nicht der Fall ist, wie bei schwer Hysterischen[1]), nützt keine Art Psychotherapie, denn anethische Defekte sind unbehandelbar —, zappeln sie hilflos im Schlinggeflechte der neurotischen Tendenz tatenlosen Herumscheuerns an und in den eigenen Beschwerden, vergleichbar der perversen Lust von Leuten, die es immer wieder hinzieht, an juckenden Hautstellen oder Wunden zu kratzen, und die so jene Reizerscheinungen, über die sie sich bitter beklagen, eigentlich selber unausgesetzt unterhalten, ja vergrößern. Hier hilft nur: den Reiz durch einen kräftigen Gegenreiz übertönen zu machen, so daß die Wundstellen — im konkreten Falle gleichsam die seelischen Wundstellen — endlich zur Ruhe kommen und dergestalt, während die Seele einerseits aktiv umaffektiviert wird, anderseits dank zweckbewußter, anfangs mehr erzwungener, später trainierter Vernachlässigung die neurotischen, psychogen strukturierten Beschwerden zur Desaktualisierung und in weiterer Folge zum Verschwinden gebracht werden. Dazu bedarf es anfangs mehr minder starker Gewalt, wie sie der Kapitän auf Schiff in Not übt, der die in kopfloser Panik jammernde, zügellose Menge mit seinem Revolver zu Paaren treibt, wie sie der Reiter auf dem Pferde übt, das, im Sumpfe watend, mit Peitsche und Sporen bearbeitet werden muß, bis es sich zusammenreißt und, der unerbittlichen Zügelführung seines Herrn folgend, mit einem Satz den festen Boden gewinnt. Da haben wir also wieder die Urelemente der SAR. Aber diese SAR wird — namentlich demonstriert das das Beispiel vom Kapitän aufs deutlichste — nicht um ihrer selbst willen erzwungen: ihre Bestimmung ist in concreto die Befreiung des Ich aus der Sklaverei der Massenpsychose, die Erzwingung gesunder Selbstzucht, demnach also akuteste, drastischeste

[1]) Oder bei Individuen schwachsinnig-erethisch-hysterischer Schichtung.

Willens- und Persönlichkeitserziehung: Gehorsam als Zwangsmittel zur inneren Freiheit, zur Willensstärke! Etwas Ähnliches leistet bekanntlich, wo sie nicht zu ödem, seelenlosem Drill ausartet, gesunde militärische Erziehung; gute Offiziere züchten bekanntlich nicht Sklaven, sondern ziehen freie, tüchtige, starke Männer heran. Die Kunst solcher anfangs harten Erziehung hat nämlich ihren zweiten, fast noch wichtigeren Akt: sie muß den rechten Moment wahrzunehmen wissen, da es gilt, dem Zögling den Zügel des Gehorsams abzunehmen und ihn, sowie er in die richtige Lebensgangart gebracht worden, nun in sein self-government einzusetzen, anfangs unter einer gewissen Oberaufsicht, später, wenn sich erwiesen, daß er es zweckgemäß zu gebrauchen weiß, unter seiner alleinigen Verantwortung. Auf einer ganz homologen Linie bewegt sich die Kunst ärztlicher, psychotherapeutischer Pädagogik: Anfangs personifiziert der Arzt die A, der Klient die S; allgemach wird der Arzt für den Klienten zum Vorbilde, hat er dafür zu sorgen, daß der Ehrgeiz des Klienten sich vor allem darauf konzentriere, die A in sein eigenes erstarkendes Ideal-Ich, das sich an jenem des Arztes orientiert und ihm noch gehorcht, hinein zu versenken, will sagen: seinem „Gewissen", das ist Gesundheitsgewissen mehr und mehr zu gehorchen; ist der Geschmack am Kranksein so weit abgeschwächt, daß jener am Gesundsein vorwiegt, dann mag der Patient allgemach seinem neugestählten Eigenwillen überlassen werden.

In den prognostisch günstig strukturierten Neurosefällen ist die Hinneigung zur Eigenbestimmung im Sinne des Gesundheitsgewissens und seiner determinierenden Tendenzen, die ursprünglich in genuinen Kraftlustgefühlen wurzeln, dann aber auch bestimmt sind durch die von der Projektion des sozialen Gewissens ins eigene Innere bedingten seelischen Triebkräfte (Ehrgefühl und andere), stets vorhanden, wenn schon nicht manifest, so doch latent und für den geschulten Kennerblick oft recht bald wahrnehmbar; natürlich besteht bei jeder Neurose, maßweise verschieden, eine mehr minder mächtige neurotische Überlagerung dieses „gesunden" Persönlichkeitskernes, hinter der hervor er unter Umständen ans Tageslicht gezogen, erweckt und durch Training gestärkt und entwickelt werden muß. Die Erkenntnis dieser seelischen Gegebenheit und ein promptes und energisches Zugreifen seitens des Arztes stellt nicht selten blitzartig schnell eine SAR zwischen Arzt und Neurotiker her, zuweilen an seelische Mechanismen erinnernd, wie sie die Laienpsychologie als „Liebe auf den ersten Blick" und ähnlich bezeichnet; sie benützen, sich sofort in den Sattel schwingen und die Seele des Neurotikers mit festem Zugriff unter sich zwingen, das ist in solchen Momenten oft das Wesentlichste, wesentlicher als weitläufige diplomatische Vorbereitungen, die ja gewissen, namentlich schizoid getönten und daher schwerer sich aufschließenden Seelen gegenüber im Anfange wenigstens sicherlich eher am Platze sein mögen. Von den nichtschizoid getönten Fällen dahingegen darf man getrost sagen: je kühner und drastischer Erkennung und Zugriff von seiten des Arztes erfolgen, desto freudiger die Subordination des Neurotikers, dem in dem Arzt alsdann das Ich-Ideal aufblitzt, das er bis nun vergeblich in sich zu mobilisieren gestrebt hatte, unter dessen zielbewußter Zügelführung er nun aber diese Mobilisierung, zuerst gehorchend, trainiert werdend, später autonom zuwege bringen zu werden vorausahnt. Wer bei syntonen Neurotikern (sie mögen leicht zyklothym oder leicht zwangs- und angstneurotisch oder aber emotiv, sensitiv oder hysteroid getönt sein[1]); schwer zyklothyme, schwere Angst- und Zwangsneurotiker und ebensolche hysterische Charaktere scheiden hier aus, ihre Behandlung erfordert ganz andere Maßnahmen als schlichte Psychotherapie in welchem Sinne immer) so vorgeht, wird kaum je über Widerstände, über Versager zu klagen haben, wird aber dahingegen in der Regel mit Genugtuung die freudige Dankbarkeit und Erziehungsbereitschaft der sich „erkannt", „verstanden" und richtig angepackt fühlenden Klienten registrieren und die Freude raschen Fortschreitens der pädagogisch erzielten Persönlichkeitsumformung und vielfach auch jahrelanger Andauer derselben in völliger Autonomie genießen. Dabei hat diese Art Methodik den Vorzug, bei weitem nicht so lange Zeit auf ihre Ergebnisse warten zu lassen als manche andere Behandlungssysteme; die allerersten positiven Ergebnisse — gerade das wirkt ungemein ermutigend und anspornend auf den Klienten wie auf den Arzt — scheinen sehr gewöhnlich schon ganz zu Beginn der Behandlung auf.

Die methodische, selbstredend auch kräftigste suggestive Hilfsmittel nichts weniger als verschmähende, je nach Eigenart des Klienten bald mehr persuadierende, bald (und am besten) energisch befehlende Ausnützung der einmal erstellten SAR zur Angleichung des Patienten-Ichs an das ihm herrschend sich überordnende, durch den erziehenden Arzt repräsentierte Ideal-Ich, in dem er sein eigenes, aus eigener Kraft bisher vergeblich zu aktualisieren versuchtes Gesund-Ich erkennt, darf natürlich den Arzt niemals von dem vorgezeichneten Wege abbringen, der dahingeht, die oft verblüffend schnell und in weitestgehendem Maße erlangte A über den unbedingt S-erfüllten Klienten lediglich zum Umbauen in dessen Seele und zu deren schließlicher Autonomisierung auf der Basis eines gestählten Gesundheitsgewissens und Gesundheitswillens anzuwenden. Der Arzt, der es nicht versteht zu erziehen, der zufrieden ist, wenn er dressiert, ist kein guter Offizier, er zieht nicht freie gesunde Seelen heran, sondern züchtet Sklavereien und Hörigkeiten, die Scheinheilungen sind, nicht wirkliche. Die Aufgabe ist immer die, den im ersten Behandlungsstadium recht straff zu spannenden Zügel einer meist mit Nutzen rauh und streng markierten A im richtigen Momente, sobald sich einmal die Besserung durch entsprechend lange Zeit resistent erweist und die ersten aktiven Ehrgefühlsregungen auf seiten des Klienten zu keimen scheinen, zu lockern und im entscheidenden Momente dem Klienten selber in die Hand zu geben; auf dieses Ziel ist er vom ersten Moment der Behandlung vorzubereiten, das Portepee des künftigen Selbstbefehlshabers

[1]) Auch ebensolche organ- bzw. monosymptomatische und sexualgetönte Neurosen zählen hierher.

ist sozusagen als Ziel am Ende des Exerzierweges sichtbar zu machen, das dem Zögling auf seiner Rekrutenlaufbahn unausgesetzt vor Augen zu führen ist. Gehorsam nicht als Selbstzweck, sondern als Mittel zum Zweck, als harter, aber notwendiger Aufstieg zum Gipfel der Freiheit in Gesundheit: so hat der Wahlspruch zu lauten, so die Einstellung zu erfolgen. Kurz, die SAR hat die Aufgabe, sich selbst zu benützen, um sich tunlichst schnell und gründlich überflüssig zu machen; das macht am Ende die charakteristische Note jedweder ärztlichen SAR aus. Ganz geradeso wie — siehe dazu noch später — richtig angewandte therapeutische Technik jedweder Sexualfixation, deren mögliche Gefahr ja bei jedem Verhältnisse zwischen Arzt und Patient besteht, kräftig entgegenzuwirken hat. Wieder aber wird, wer als Arzt sein psychotherapeutisches Handeln von Tendenzen der hier dargelegten Art bestimmen läßt, erstaunlich selten Versager erleben; der Moment der Mündigkeitserklärung, wenn der Arzt dem seine eigene seelische Erstarkung deutlich erfühlenden Zögling die Zügel hinwirft und ihm sagt: siehe, du kannst ja doch auch allein, du nimmst auch ohne Erzieher aus eigener neugeborener Kraft den Gipfel des Gesundseins: dieser Moment, gut vorbereitet, bleibt wieder erfahrungsgemäß ein ebenso starkes Erlebnis in der Seele der meisten rekonvaleszierenden Neurotiker wie zu Beginn die beherzte, auf durchgreifende Nutzung der erstellten SAR gestützte Inbesitznahme der Herrschaft über seine Seele mit allen expressiven, dank ihrer ungenierten Rauhigkeit gerade sensitive, wenn nur sofort subordinationsbereite und nicht schizoid-resistierendere Naturen oft heilsam abhärtenden Äußerungsmitteln dieser imperativen Inbesitznahme. Ich kann nicht anders als aussprechen: für eine Vielzahl, wenn nicht für die Mehrzahl der oben angegebenen Neurotiker erscheint mir die Methodik zielbewußt-pädagogischer Nutzung der SAR die Methode der Wahl. Neurotisches lebt ja wohl sehr stark davon, daß man sich allzuviel mit ihm befaßt; keine andere Methodik schafft aber so gründlich, schnell und durchgreifend ablenkende Gefühlseinstellungen und Komplexumwertungen wie unsere: die neurotischen Komplexe atrophieren an Gegenstandslosigkeit, denn die Lust des Patienten am Erzogenwerden und seine spätere Lust an der neugewonnenen Freiheit in Gesundheit desaktualisieren die neurotischen Komplexe, indem sie ihnen allgemach ihre thymophysische Valenz entziehen; der Kranke verliert Interesse und Geschmack an der Neurose. Es gibt gewiß „Anfechtungen" in Form von Wiederauftauchen früherer pathogener Komplexe und Apparate im Zuge der Behandlung wie nach Abschluß derselben, es gibt auch regelrechte Rezidiven; wie denn am Ende auch nicht? Hundertprozentige angebliche Heilungen müssen stets eher mißtrauisch machen, wie hundertprozentig „stimmende" Befunde überhaupt (nach einer alten, nur allzu zutreffenden Lehre Obersteiners): allein bezeichnend ist es, daß in der Folge derlei Rückfallsanwandlungen, abgesehen von ihrer Leichtergradigkeit, vom ehemals Kranken leichter und meist aus eigener Kraft überwunden werden; nicht oft bedarf es nach Jahr und Tag einer kurzen

Reprise der Behandlung, einer Wiederholungsschule; das Arztbedürfnis tritt meist bald zurück, der einstige ärztliche Erzieher ist allgemach zur historischen, dann zur epischen und schließlich zur mythischen Idealfigur geworden, die in der Erinnerung mehr weniger verblaßt nachlebt und zu der man nur gelegentlich wie zu einem alten Ahnenbilde in Gedanken emporblickt, wenn es ab und zu nottut, sich die Atmosphäre der einstigen „Schule" für einen Moment innerlich zu verlebendigen; der ehemalige Zögling hat seine innere Freiheit auch gegenüber dem einstigen Arzt-Lehrer gewonnen. So die katamnestischen Berichte. Alle diese hier gebrauchten, auch während der Behandlung gegenüber dem Patienten verwendeten Bilder aber wirken nicht nur als Bilder, sondern als Symbole von ihrem inneren Sinne recht nahekommenden Seelenvorgängen, die sie plastisch und gemeinverständlich zum Ausdruck bringen.

Die SAR und ihre Nutzung zu psychotherapeutischen Zwecken beansprucht nicht, als psychotherapeutische Panazee zu gelten. Dadurch unterscheidet sich diese Art der Methodik von gewissen anderen, für die neben ihnen selbst kein tolerari posse gilt. Der besondere Inhalt, mit dem die Psychotherapie die Seelen zu erfüllen hat, erscheint aber im Grunde als eine sekundäre und variable Angelegenheit, verschieden nach den im Keime konstitutionell gegebenen determinierenden Grundtendenzen der Seele des Zöglings; man wird die einen Seelen sicherlich mehr ins Geleise altruistischer Sozialgefühle hineinzuzügeln haben, indes die Sanierung mancher anderer entschieden besser tut, wenn sie den Tendenzen ihrer Zöglinge eine gewisse Portion Hinneigung zu egozentrischen Komplexen einzuflößen sich bemüht. Wichtiger als diese variablen Einzelheiten scheint die Form der Erziehungstechnik, die Tatsache der Beschäftigung des Erziehers mit der Seele des Zöglings und erscheint die imperative Technik als solche, die sinnvolle Applikation und Nutzung der SAR. Was man befiehlt, ist von sekundärerem Belange als wie man seinen Zögling erzieht, welche Formen und Richtlinien man seinem Seelenleben gibt. Zuzugeben ist nur, daß, wie keine, so auch keine ärztliche Erziehung ganz ohne Appell an Sozialgefühle und deren Derivate auskommen kann. In solchen wurzelt ja am Ende auch die Tatsache einer SAR überhaupt.

Ganz gewiß sind nicht alle Fälle, alle Arten von Fällen gleich gut geeignet für die SAR-Erziehung; es ist dies schon früher angedeutet worden. Psychogene hysteroide Reaktionen, welcher Art und Färbung immer, nicht schwerer degenerative[1]) Hysterien, leichtere und mittelschwere Sexual-, Angst-, Zwangsneurosen, leicht Zyklothyme, Willensschwache, Emotive, Sensitive, Organneurotiker, gelegentlich auch leicht Schizoide, deren Störung nicht zu sehr „ichnahe" (im Sinne Schilders) sitzt, reagieren im allgemeinen recht gut und dankbar darauf; je schizoider die Grundnote — es gibt scheinbar freilich auch da Ausnahmefälle, welche die SAR-Methode recht gut aufnehmen —, desto weniger angezeigt

[1]) Und nicht schwachsinnig-erethische.

erscheint unsere Methodik; hier tritt die namentlich von mir vorgeschlagene, später von Kogerer sehr wesentlich ausgestaltete kompensatorische Übungspsychotherapie in ihre Rechte; aber auch als unterstützendes psychotherapeutisches Hilfsmittel bei neurotischen Begleiterscheinungen organischer Erkrankungen ist die auf methodische Nutzung der SAR gestützte Psychotherapie oft von größtem Nutzen; am Ende unterliegt ja doch fast jede, auch jede normale Menschenseele der SAR und ihren Auswirkungen am rechten Orte und zu rechter Zeit. Wenn aber auch im allgemeinen, aus leicht begreiflichen Gründen, jugendliche und weibliche Individuen durchschnittlich der SAR weit leichter zu unterliegen pflegen als ältere und männliche Personen: es gibt doch grundsätzlich weder eine Grenze des Alters noch eine solche des Geschlechtes für die Applikation unserer Methodik; je autoritätsbedürftiger und suggestibler die Seele des Klienten, desto leichter freilich das Spiel, desto rascher, gründlicher und anhaltender wirkt der pädagogische Zugriff. Vorhandene ethische Defekte wirken natürlich hindernd: je tiefer also das Hysterische im Habitualcharakter sitzt, je weniger es Gelegenheitsreaktion ist, desto schwerer der Stand des Arztes; indes gelingt gerade auf dem Wege heilsamer Respekterzwingung auch die Bändigung mancher nicht restlos bösen hysterischen „Canaille" (bei Frauen freilich weit besser als bei Männern; virile Hysterie weist meist auf besonders schwere Charakterdefekte hin) und deren Bekehrung zu einer freilich meist krampfhaft-fanatischen — weil auf erzwungener Überkompensation beruhenden — „Heiligkeit" durch Erziehung zum Sublimieren der seelischen Innentendenzen, zumal auch der erotischen; hier wirkt gerade die vom Arzte zu erzwingende Sublimierung der vom Zögling auf ihn konzentrierten Libido in das Strombett eines ehrerbietig schülerhaften, reinen Respekts- und Devotionsverhältnisses meist außerordentlich erzieherisch. Nicht zu schwer Hysterische und noch mehr Hysteroide aber sind dem Arzte, den sie als ihren Meister und Bändiger — nach dem es sie innerlich so gut wie stets verlangt — befunden haben und der ihre Gefühle, gerade auch ihre Sexualgefühle, energisch zur Sublimierung zu zwingen versteht, meist ganz besonders und dauernd dankbar (vgl. bei Raimann); für den Bestand dieses Dankbarkeitsverhältnisses aber ist, wie schon früher erwähnt, gerade die Ablenkung und Sublimierung der Erotik Grundvoraussetzung; Aktualisierung der Erotik würde über kurz oder lang die A des Arztes zerstören und die Verehrung zu Verachtung und Haß wandeln.

Daß es bei keiner Art Psychotherapie und also auch nicht bei der hier geübten ohne Suggestion abgeht, steht wohl fest. Mit Vorteil kann man sich dabei in geeigneten Fällen der Hypnose als eines guten Hilfsmittels bedienen; sie schafft eine Art seelischer Teilnarkose, die das pädagogisch-psychotherapeutische Operieren erleichtert, durch Abtäubung innerer Widerstandsmechanismen in manchen Fällen überhaupt erst so recht ermöglicht, mindestens in der ersten Behandlunsgphase. In der Hand des Arztes und in geeigneten Fällen (das heißt praktisch:

vor allem nicht bei Schizoiden![1]) angewandt, ist sie auch kein schädliches Instrument; ich möchte daher mit Bleuler, Schilder und Kauders, Moll, Heyer (in Birnbaums Enzyklopädie) und anderen meinen, daß die Hypnose — durch Laienmißbrauch und den phantastischen Optimismus gewisser Nurhypnotiseure unter den Ärzten zu Unrecht in Mißkredit geraten — in der Hand des kundigen Arztes, der nicht auf sie eingeschworen ist, es aber nicht verschmäht, zu ihr fallweise bei vorhandener Indikation wie zu jedem anderen Hilfsmittel zu greifen, als ein für den Arzt — allerdings nur für diesen allein! — erlaubtes, freilich im Einzelfall sparsam dosiert anzuwendendes Requisit keineswegs abzulehnen sei; Bumke, der sie ebensowenig als Hilfsmittel verschmäht, befürchtet immerhin, daß Hypnose geeignet sei, das seelische Rückgrat des Hypnotisierten zu brechen; in solcher Form vermag ich diese Meinung nicht zu teilen: Persönlichkeiten im Goetheschen Sinne bedürfen ja der Hypnose nicht, und bei Durchschnittsgeistern handelt es sich nicht darum, seelische Rückgratsverkrümmungen zu konservieren, sondern ihr Ideal-Ich, das ja doch in der Regel nichts anderes darstellen kann als ein nach einem „Helden“ orientiertes Lehens-Ich, eben einem ihrer individuellen Konstitution adäquaten „Heldentyp“, sei es auch nur asymptotisch, tunlichst anzugleichen und dieser sozialgefühlsmäßig fundierten, SAR-gekitteten Angleichung auf pädagogischem Wege exopsychisch eine fest zu verankernde Schicht inneren Erlebens einer Art freiwilliger Gefolgschaftstreue aufzulegen; Hypnose stört dieses Werk nicht, sie fördert es, wenn sie, in der ersten Behandlunsgphase appliziert, zeitgerecht wieder abgesetzt wird, und das Gefühl des Freiseins greift um so tiefer in der Seele Platz, je entschiedener die Abspönung von der hypnotischen, imperativen und der Übergang zur wachpädagogisch-admonitorischen und dann bloß beratenden Phase der Behandlung markiert wird. Diese Phasenwechsel mißlingen bei Beschränkung auf geeignete Fälle und bei geschickter Taktik niemals. Im Beginne hilflos ringend und nach der das angestrebte Ideal-Ich verkörpernden Führerenergie sich geradezu sehnend und ihr dankbar untertan, gewinnt die Zöglingsseele eben unter der Hand des sie aus dem Sumpfe emportreibenden Führers mehr und mehr an Kraftgefühl; im nämlichen Maße verliert sich aber eben darum das Untertänigkeitsbedürfnis, erwacht das eigene Selbstgefühl, verliert die Fixierung an den Erzieher — strengste Abdämmung erotischer Färbung derselben natürlich vorausgesetzt — automatisch an innerer Notwendigkeit. Ein Paradoxon und doch wieder kein Paradoxon: bei jeder wirklichen Erziehung bedeutet — im Gegensatz zur bloßen Dressur — der Gehorsam nur den Übergang zur inneren Selbständigkeit; diese Geschehensphase dann durch Nutzung der SAR, sei es selbst suggestiv vorgehend, richtig herauszuarbeiten, ist eben Aufgabe und Kunst des Arztes.

---

[1]) Und auch nicht, wie Schultz sehr zutreffend sagt, bei schwachsinnig-erethischen Hysterischen!

XI. Zur Technik der SAR-Psychotherapie.

Dies leitet zur Frage nach der Technik der SAR-Psychotherapie hinüber[1]).

Daß im Einzelfalle der Individualität der Patienten, insbesondere nach der bewußtseinsinhaltlichen Seite hin und nach der Seite ihrer unterschiedlichen Rationalismusbedürfnisse Rechnung getragen werden muß, versteht sich ja natürlich von selber. Unbeschadet dessen aber gilt eine gewisse Typik für die überwiegende Mehrzahl der in den bereits bekannten Umrissen gezeichneten Fälle. Die Anwendung dieser ganzen Methodik setzt allerdings eines voraus: das Vorhandensein jenes vorwiegend thymopsychisch-charakterologisch determinierten Komplexes, der in seiner Gesamtheit ärztliche Persönlichkeit heißt (worüber eine ganze große Reihe von Autoren, zuletzt unter anderen Honigmann, Verfasser, Grosz und Liek sich deskriptiv-analysierend geäußert haben). Zum Teil wurzelt das Spezifische der ärztlichen Persönlichkeit in endogenen Anlagewerten; es setzt sich zusammen aus einer Reihe äußerer und innerer Eigenschaften und Einzelnzüge, deren Auswirkung unter anderem — und das interessiert in diesem Zusammenhange vor allem — darin gipfelt, daß der Arzt Kranken, insonderheit neurotischen Individuen als A-Träger erscheine, in dem sie jene Werte versinnbildlicht zu erblicken glauben (oft mehr sphärenhaft als klarbewußt), deren Nichtvorhandensein in ihnen selbst von ihnen als relative (dauernde oder temporäre) Minderwertigkeit gefühlt wird, in dem sie aber zugleich nicht gegnerische Tendenzen, sondern die seelische Sprache der Hilfsbereitschaft wie des Führertums zu erkennen glauben und dem sich sonach ihr S-Bedürfnis in haptophorem Tropismus zuwendet, wenn auch nicht stets in gerader Linie, sondern in Schwingungen und mit Unterbrechungen, die durch die mannigfachen, die Relation Arzt:Patient mitdeterminierenden Quer- und Gegenmotive bedingt sind. In je höherem Ausmaße der Arzt Eigenschaften entfaltet, die ihn zur autoritären Führerpersönlichkeit stempeln, um so schneller und gründlicher beugt sich ihm sein Klient völlig; es gibt Fälle — siehe oben —, wo diese SAR in wenigen Augenblicken geschweißt wird und während der notwendigen Dauer der Behandlung verläßlich tragfähig bleibt.

---

[1]) Es liegt nicht im Plane dieser Arbeit, sich per longum et latum mit den unterschiedlichen Methoden der Psychotherapie auseinanderzusetzen oder sie auch nur mehr, als zu eklektischen Zwecken erforderlich, zu zitieren. Der Monographien, Handbücher, Lehrbücher und Einzelschriften psychotherapeutischen Inhaltes (recht vieles davon ist wertloses, wichtigtuerisches Geschreibe) ist Legion; Arbeiten natürlich, wie jene von Schultz, von Kronfeld, von Schilder, von Birnbaum, von Lange und anderen, Einzelnabhandlungen, wie jene von Jung, Walthard, Bumke, Kogerer und anderen, zum Teile hier zitiert, heben sich über den Durchschnitt weit heraus; zur kurzen Orientierung über Neueres zu diesem Thema verweise ich unter anderen, ohne mich mit dem Autor zu identifizieren, auf Kronfelds Aufsatz.

In einer Reihe von Fällen steht nun der Arzt vor einem Kreuzweg; es gibt nämlich eine zweifache Art der subordinatorischen Hingabe: das eine Mal geht sie mit erschlaffender Entspannungstendenz in der Seele des Kranken einher, der Kranke scheint das Bedürfnis zu empfinden, sich sozusagen auf den breiten Rücken des Arztes zu flüchten, sich von ihm über die kritische Situation förmlich hinwegtragen zu lassen, stellt sich seelisch gleichsam nach der Schematik dieser Allegorie ein; in anderen Fällen aber spannen sich mit und in der Hingabe die seelischen Kräfte des Kranken, wollen sie sich von vornherein straffen und begehren nach energischer Zügelung durch den Arzt, freudig ihrerseits das — vorübergehende, aber strenge — Joch seines befehlenden Willens tragend; sie fühlen vom ersten Augenblicke an die erziehliche Macht des fremden Befehls, der — im Sinne A. Fischers — ein kundgegebenes Wollen bedeutet, das mittelbar oder unmittelbar auf fremdes Handeln gerichtet ist und sich zur Erreichung seines Zieles keines anderen Mittels als seiner Kundgabe, seines geeigneten Ausdrucks bedient; des Befehles, der — im Sinne des nämlichen Autors — durch seinen unmittelbaren stimmlichen oder pantomimischen, gegebenenfalls schriftlichen Ausdruck, unmittelbar nicht an die Einsicht, sondern an den Willen des anderen appelliert. Der Wille, das Affektive, das Thymopsychische im allgemeinen Wortsinne, das ist es in erster und letzter Linie, dem jede rationelle Psychotherapie vor allen Dingen gelten muß; auf rein noopsychisch-rationalem Wege lassen sich die allem Neurotischen in erster und letzter Instanz zugrunde liegenden Willens-, thymopsychischen Störungen nie an der Wurzel erfassen; aus jenem Nichtwollenkönnen und Nichtkönnenwollen der Neurose, derlei nach Wagner-Jaureggs klassischem Worte gegeneinander nicht abgrenzbar ist, hat die Psychotherapie ein Wollenkönnen und Könnenwollen zu machen; rationale Hilfsmittel können dabei ganz gewiß — je nach Bildungsgrad und Individualeinstellung des Neurotikers, konstitutioneller wie konditioneller — unzweifelhaft oft wertvolle Dienste leisten, die rational unterschiedlichen Arten „Schulen" der Psychotherapie allesamt, als Ganzheiten oder noch besser — im Sinne Kogerers — eklektisch so oder so zur Mitanwendung gelangen; die Hauptsache aber ist und bleibt in unseren Fällen die pädagogische, auf methodischer Nutzung der SAR aufgebaute richtige Befehlstaktik; sie ist das Fluidum, ohne welches auch keine der rational so säuberlich abgegrenzten und abgrenzbaren psychotherapeutischen Schuldoktrinen den Weg zur Thymopsyche unserer Neurotiker zu finden vermag. Um nun aber an das ein paar Zeilen weiter oben Ausgeführte wieder anzuknüpfen: Es ist zuzugeben, daß es einen Typus seelisch und dabei gleichzeitig oft auch körperlich asthenischer Menschen gibt, bei denen es sich empfiehlt, mindestens für den Anfang der Behandlung in äußerer Anordnung und innerer Gestaltung derselben die Allegorie des Getragenwerdens des Kranken durch den Arzt oder doch seines Gestütztwerdens durch diesen beizubehalten; für die übrigen aber empfiehlt es sich, die bildlich so sehr treffende Allegorie Kehrers vom Zurechtreiten der Neurotikerseele irgendwie wenigstens durch innerlich und soweit wie möglich auch äußerlich zum Ausdruck kommende militarisierende Abhärtungstendenz wahrzumachen; nach meiner Erfahrung, namentlich bei jugendlichen und bei weiblichen Personen, fast noch um ein Stück mehr als bei männlichen Erwachsenen; schafft man doch damit zugleich jene patriarchalisch-autoritative seelische Distanzierung, die etwaige erotogene Tendenzen a limine zur Sublimierung zwingt. Aber eben gerade der — auch äußerlich in der Mehrzahl der Fälle von vornherein mit Vorteil zu markierende — schulmäßig-militarisierende Ton und die adäquate Haltung, wie sie der Arzt anzunehmen und der Zögling zu beobachten hat, bewirken einerseits eine wohltuende Sichhineinversetzung des Neurotikers, eine Art situativer Regression, wenn man will, in eine infantil-plastischere Seelenhaltung, aus der heraus er leichter zu erziehen, herumzuzügeln, ins rechte Geleise zu überführen ist. Mit rauher Hand räumen sie auf mit der für viele Neurotiker so sehr schädlichen Sensibelei, härten sie sein Gemüt ab; und sie spornen seinen Ehrgeiz doch wieder an, parallel mit dem Wachsen seines Kraftgefühls unter der Zügelführung des Arztes sich eben von dieser letzteren mehr und mehr freizumachen, seine herangeschulten Kräfte selbständig zu erproben, aus einem freudig gehorchenden Soldaten ein sich selbst und eventuell dritten Personen (etwa den eigenen, bis dahin respektlos gewesenen Kindern) befehlender Offizier zu werden. Kurz, der Werdegang einer jeden richtig angepackten Erziehung, wo der Gehorsam die Vorschule zur Emanzipation bedeutet und dementsprechend instradiert sein muß; wo sich aber der Patient lediglich als Schützling des Arztes fühlt, kann er zu richtigem Kraft- und Selbstgefühl nie gelangen; gerade der wohlwollend-strenge Arzt zieht starke Menschen heran.

Die zum Symbolisieren neigende Tendenz des Menschengeistes läßt es ratsam erscheinen, einerseits im Sinne der an sich sehr berechtigten Forderung Schilders und Kauders' bei der praktischen Durchführung der Psychotherapie alles „magisch“ Erscheinende oder erscheinen Könnende nach Tunlichkeit hinwegzulassen (wenigstens soweit es vom Zutun des Arztes abhängt; daß das magische Bedürfnis des Patienten in uns, sei es auch nur halbbewußt, immer wieder magische Potenzen voraussetzt, vermögen wir durch keine Aufklärungsarbeit restlos hintanzuhalten), anderseits jedoch die SAR gerade auch in der äußerlichen Anordnung zu unterstreichen. Sorgsames Individualisieren ist sicherlich auch da geboten, ausgeprägtem virilem Ehrgefühl und ebensolcher weiblicher Matronenwürde sowie sonstigen gelegentlich vorkommenden Besonderungen auch im Rahmen pädagogischer, SAR-fundierter Psychotherapie unbedingt Rechnung zu tragen; zwischen diesen beiden Polen aber dehnen sich die Breiten des durchschnittlichen Neurotikermaterials, welches ein schärferes Markieren der SAR im Beginne der Behandlung mindestens nach jenen einleitenden Prodromalprozeduren, in denen es die A des Arztes zu spüren und darauf zustimmend zu reagieren begonnen hat, nicht nur ausgezeichnet zu vertragen, sondern aus den nun schon genügend abgehandelten Gründen aufs dankbarste zu begrüßen pflegt; seine Markierung besiegelt die bejahende Erfüllung eines in der Seele bereitliegenden Komplexes, die Lösung innerer Spannungen und den fühlbaren Beginn der Emporführung aus den Breiten der Neurose in jene gesünderen Reagierens. Wie schon an anderer Stelle mehrfach betont, pflege ich dabei so weit zu gehen, daß ich, zumal bei hypnotischer Behandlung — etwa mit Ausnahme des ersten Vorversuches, oft aber auch bereits mit Einschluß dieses selbst — dem Zögling, nicht nur wenn es sich um jugendliche Personen beiderlei Geschlechts, sondern auch wenn es sich um Erwachsene und vornehmlich sogar, wenn es sich um weibliche Erwachsene handelt (körperlich invalide oder ältere Personen natürlich ausgenommen), eine Respekthaltung in vor mir stehender Stellung anbefehle, wobei ich selbst mich nicht selten ostentativ niedersetze. (Ein Nebengewinn ist dabei die Ausschaltung wenigstens der Sexualattitude und der durch sie so oft und so leicht gebahnten adäquaten Assoziation, wie sich derlei bei Psychotherapien und zumal bei Hypnosen weiblicher Personen in sitzender und liegender Stellung einstellen kann; indes die von mir bevorzugte Attitude diese Komplexe nicht derart begünstigt, da sie die Seele des Zöglings mehr zu dem Komplex schulmäßig-militärischer Ehrerbietungsdistanz, demnach zu einem heterogenen Fühls- und Assoziationskomplex hinzulenken pflegt.) Dem sekundiert ein meist markiert patriarchalisch-wohlwollend-energischer, selbst vor adäquaten, natürlich stets im Tone des Wohlwollens gehaltene Rauhigkeiten und Derbheiten mit gelegentlicher drastischer Pantomimik nicht zurückscheuender Sprechton, in dessen Linie auch der allmähliche Übergang zu militärisch-schulmäßigem Entzuge der gesellschaftlichen Anrede liegt, an deren Stelle ebenso militärisch- schulmäßig die Anrede mit dem bloßen Familiennamen, bei ganz jungen Leuten beiderlei Geschlechts ohne weiteres mit bloßem Vornamen und „Du", tritt, gelegentlich sogar in noch drastischerer, dialektischer Form. Derlei bedarf natürlich einer gewissen diplomatischen Einleitung, die zuweilen längere Zeit braucht, viel häufiger aber überfallartig kurz gehalten sein kann und den bis dahin an S und A nicht gewöhnten Zögling schnell und durchgreifend in Bann zu schlagen pflegt. Hält man sich an die oben skizzierten Ausnahmefälle, dann gehören Versager zu den Seltenheiten, ist dagegen herzhafte Dankbarkeit selbst verwöhnter weiblicher Personen vom sozialbiologischen „Damentypus" die Regel; gleichwie der körperlich Kranke wohlwollende Grobheit des Arztes oft als Zeichen dafür nimmt und begrüßt, daß es ja mit ihm doch nicht gar so arg werden könne. Wenn so die richtige Atmosphäre, das richtige seelische Innenmilieu gesetzt ist, hat in dieser reinen SAR-Umwelt die Umbauarbeit in der Seele des Zöglings leichteres Spiel, zumal bei gleichzeitiger Hypnoseanwendung, die natürlich unter diesen Gegebenheiten meist unschwer gelingt. Der Haupttenor liegt dabei wieder nicht in analytischer, sondern in formativer Arbeit; halb belehrend und aufklärend, halb befehlend und zügelnd wird der Zögling in jenes Geleise, in jene Gangart übergeführt, die bzw. das ihn zu normalmäßigem seelischen Reagieren leiten soll. Es wird ihm — konform mit anderen synthetisch-pädagogischen Methodiken — vor allem klar eröffnet, was die ungeheure Mehrzahl der Neurotiker irgendwie weiß oder doch mindestens sphärenbewußt weiß, aber zunächst autoritativ bestätigt wissen will: daß hinter seinen neurotischen phänomenologischen Psychismen im Untergrunde latent, virtuell auch die Möglichkeiten gesunden seelischen Reagierens („ein gesunder Kern") ruhten, die es gelte, aus der Umklammerung des morbiden Seelenanteils zu lösen; dies sei aber nur den wenigsten aus eigener Kraft möglich; also bedürfe er dazu im Beginne des beherrschenden Erzieherwillens; einmal aber richtig in Gang und zu Kraftgefühl gelangt, würde der Zögling, sowie er vorerst innerlich nach der A des Schulmeisters, Erziehers lechze, ganz wie jeder Zögling — denn durch diesen charakteristischen innerseelischen Ablauf unterscheide sich Drill, Dressur von Erziehung — parallel damit mehr und mehr zum Bewußtsein dessen gelangen, daß er des Schulmeisters zu entraten, seine Weitererziehung, Weiterführung im Leben allein in die Hand zu nehmen vermöge, also, gleich dem seinen latenten Anlagen nach zu Höherem bestimmten Schüler, Zögling, Rekruten durch die Schule des Gehorsams zur Kunst des Befehlens, in specie der inneren Selbstbestimmung, Willensfestigkeit gelangen werde, auf deren Boden Neurotisches auf die Dauer nicht gedeihen könne. Diese Grundtatsachen werden — wie es der symbolisierend-allegorisierenden Eigenart des menschlichen, zumal des weiblichen Denkens am besten angepaßt ist — oft in noch charakteristischere, illustrantere Wortbilder gekleidet: bald werden die Phasen des Schwimmunterrichtes zum Vergleiche herangezogen, bald frei nach Kehrer das Bild vom Zurechtgeritten- und Herauskutschiertwerden aus dem Sumpf des morbiden aufs Hochland des normalen Seelenanteils, bald wieder das Bild vom Trockenlegen der seelischen Sumpfschicht, in der die nervösen Einzelsymptome gleich Sumpfpflanzen wüchsen, die aber von selber welken, ohne zwecklose symptomatische Spezialtherapie absterben müßten, sobald die dünne oberflächliche Sumpfschichte durch die vereinte Befehlsarbeit des Arztes und Gehorsamsarbeit des Zöglings trockengelegt sei und der darunter nur verborgene, aber reichlich vorhandene gute Ackerboden frei werde, auf dem nur normalmäßiges Reagieren erwachse, den künftig zu bestellen der einstige Zögling allein imstande sein werde; und anderes mehr. Sicherlich also, die Methode arbeitet, wie jede Art Psychotherapie, nicht ohne Zuhilfenahme von Suggestionen, aber sie bettet diese in das pädagogische Fluidum pädagogisch genutzter SAR und arbeitet mit Symbolisierungen, die dem natürlichen, phänomenologisch greifbaren, innerseelischen Geschehen — das lehren die katamnesischen Berichte — plastisch nach- und anempfunden sind. Unter einem aber werden sie in den Dienst der Umleitung der Interessenzentrierung des Zöglings gestellt: an die Stelle des perversen Sichverbohrens ins Morbide, des Wühlens in Seelenwunden tritt heilsame, schülerhafte Ambition in der anbefohlenen Richtung, tritt lustbetonte, fast sportlich lustbetonte Freude am progressiven Sichselbstfinden und damit automatisch die so fördersame zweckbewußte Vernachlässigung der neurotischen Abläufe und Inhalte, die — auch dieser Vergleich wird dem Zögling suggestiv nahegelegt — nach und nach zu zahnlosen Kläffern degradiert werden, deren Gebell mehr und mehr mit Nichtachtung beantwortet und damit endlich zum Verstummen gebracht werden soll; und die Seelenwunden, nicht immer aufs neue gereizt, sollen allgemach vernarben. Die rauhe Tonart wirkt dabei, wie schon bemerkt, unterstützend, indem sie, die lustbetonte S-Tendenz benützend, beherzt mit der Neigung zur Empfindelei aufräumt und also seelisch abhärtet, was namentlich Sensitivemotiven recht wohltut, wie ich aufs reichlichste erfahren habe; und gleichzeitig wirkt sie mit fortschreitender seelischer Gesundung, mit fortschreitender lustbetonter Kräftigung des Gesundheitsgewissens und der Selbstzucht anstachelnd im Sinne der Überflüssigmachung des allgemach als unnötig empfundenen Joches der ärztlichen A. Auch Lob und Tadel müssen, natürlich in pädagogischer Dosierung, während der Behandlungsdauer verwendet werden; als Disziplinarmittels bediene ich mich in entsprechenden Fällen zuweilen der Androhung, die Weiterbehandlung, falls der Zögling zu saumselig und weichlich sei, abzulehnen; eine Androhung, die ich in geeigneten, das heißt sthenischeren Fällen bei der S-Tendenz des Zöglings gegenüber dem Schulmeister, solange solche nottut, wirksam befunden habe; bei allzu Asthenischen hingegen wirkt solche stark moralische „Peitsche“ zuweilen eher ungünstig; hier heißt es demnach, sich noch mehr als in den anderen Fällen mit Geduld wappnen, den Zögling auf die lange Zeit hindurch unvermeidlichen Rückfälle vorbereiten und diese mehr durch zähe als durch spornende Energie überwinden. Notwendig ist aber in allen Fällen ein gewisser Appell an die gesunde Einbildungskraft: dem Zögling wird eingeschärft, daß er sich während der ganzen Behandlungsdauer unausgesetzt plastisch die „Schulsituation“ innerlich vor Augen zu führen und wie jeder brave und gewissenhafte Schüler auch absente magistro sich unablässig unterwiesen oder examiniert zu denken und sein Tun und Lassen derart einzurichten habe, als ob dieserhalben das prüfende Auge seines Meisters mit Wohlgefallen auf diesem seinen Tun und Lassen ruhe; bis zum Tage des endgültigen seelischen Mündigwerdens, von wo ab zwar in der ersten Zeit noch ein gelegentlicher „Aufblick“ zum dereinstigen Schulmeister, zumal in Momenten innerer „Anfechtungen“, mit deren Möglichkeit noch zu rechnen sei, geboten wäre, bis bei fortschreitender innerer Selbstbefestigung in den erlernten Bahnen auch diese Notwendigkeit von selber erlöschen werde. Denn, und das zu sagen, wird nie verabsäumt: der Lehrer sei nicht Neuschöpfer, sondern lediglich Mobilisator latent im Zögling bereit gelegener seelischer Kräfte; einmal richtig in Gang gesetzt, bedürften diese allgemach nicht mehr der Führung durch fremden befehlenden Willen, sondern würden sich nach vorübergehendem Stadium bloß beratender (und alsdann keinesfalls mehr hypnotischer! die Abspönung von der Hypnose vollzieht sich stets ohne Hindernis und Restbedürfnisse, wenn im richtigen Moment beginnenden, wieder suggestiv kräftig unterstrichenen Flüggewerdens eingeleitet) Beaufsichtigung förderhin autonom zu regieren vermögen. Die Worte des Arztes würden so, da sie ja nur Erwecker und Modler — gerade als solche freilich von vorübergehend zwingender Macht —, aber nicht Schöpfer seien, letztlich zu Symbolen des Eigenwillens des Zöglings, nicht mehr in ihn hinein-, sondern aus ihm herausgesprochen gefühlt und dadurch überflüssig, die pädagogische Energie des Arztes aber letzten Endes aus dem nämlichen Grunde ein Stück des eigenseelischen Kraftstromes des Zöglings und ebendarum letztlich gleichfalls in sich gegenstandslos werden. Wiederum versinnbildlicht dies alles recht nahe lebendige Wirklichkeit in der Seele. Der Terminus „Einbildung" — in dieser Form meist als Unrecht empfunden — wird vermieden, die Krankheit wird anerkannt, aber ihr psychogener Ursprung und ebendarum die Notwendigkeit pädagogischer Psychotherapie betont.

Vielleicht spricht, von allem anderen abgesehen, auch dies für die hier skizzierte Methodik, daß derlei Behandlungen, mit wenigen Ausnahmen, nach wenigen Wochen bzw. Monaten zu einem befriedigenden und oft über Jahre befriedigenden Ende führen, ohne Gewöhnung an — episodisch zu Beginn ein- und zeitgerecht wieder ausgeschaltete — Hypnose oder Fixation an den Arzt; natürlich gibt es Rückfälle: aber welche Methode wiese, um es wieder zu sagen, 100%ige Heilerfolge auf? Und gar erst bei Neurotischen! Notwendig scheint mir in allen Fällen eine klare Darlegung der Aussichten; sie darf meist getrost eine mehr optimistische sein, muß aber stets Rückfallsmöglichkeiten als Wesen alles Geschehens — also auch seelischen Geschehens — ins Auge fassen und diplomatisch und doch aufrichtig darauf vorbereiten. Die Hypnose, wo sie angewendet wird — und es geschieht zu Beginn meist mit Vorteil —, ist ihres „magischen" Charakters möglichst zu entkleiden; ich pflege sie dem Zögling als eine Art seelischer Narkose zu erklären, deren ich mich zwecks leichterer seelenorthopädischer Arbeit ebenso bediente wie der Chirurg des Ätherrausches; ich benütze dies gleich, um Laienhypnose energisch zu verbieten, indem ich sage, sie bedeute Analoges, wie etwa Laiennarkose; das erscheint den meisten faßlich und plausibel.

Nun zwei wichtige und wesentliche Anmerkungen zur Methodik, auf die ich bereits in einer früheren Publikation hingewiesen habe. Das eine ist: Wiewohl aus verschiedenen, wiederholt erwähnten Gründen das Schwergewicht der hier gewürdigten Methodik nicht im Analytischen, sondern im Pädagogischen liegt, ist dennoch natürlich in jedem Einzelfall ein individualgeschichtlicher Aufriß erwünscht; er wird durch ein mündliches oder — noch besser — schriftlich beizubringendes Curriculum vitae geliefert, das jeder Zögling zu verfassen und darin die Geschichte seiner neurotischen Beschwerden enthalten zu sein hat, weiterhin aber alles, was irgendwie in seinem Leben, von Kindheit an einen ihm bewußten, wie immer getönten Eindruck in ihm zurückließ; eine irgendwie suggestiv bzw. durch Sonderfragen bedingte Beeinflussung findet dabei nicht statt. Die phänomenologisch außenseitige Darstellung genügt; analysierende Tiefenbohrung mag vom Standpunkte der Inhaltserforschung unzweifelhaft von Bedeutung sein, für unsere praktisch pädagogischen Seelenchirurgie bedeutete sie lediglich eine Verzögerung, erweist sie sich vor allem als überflüssig (daß ich ihr — abgesehen von ihrer rein erforscherischen Bedeutung natürlich, die, sofern man auf gewagte Deutungen verzichtet, außer Diskussion steht — für bestimmte Fälle auch therapeutische Bedeutung einräume, habe ich ja schon an früherer Stelle erklärt; aber für das Durchschnittsmaterial genügt vollauf die schneller und energischer zum Ziel führende reine SAR-Methodik), ja dem Geiste der Methodik, die durch die energische Aufzügelung lustbetonter seelischer Neuorientierung das Morbide in der Seele zweckbewußt zu inaktivieren und damit zur Inaktivitätsatrophie zu bringen strebt, nahezu zuwiderlaufend (doch mag sich die SAR-Methodik ihrerseits als eine Art Vor- oder Nachkur zu den analysierenden Methoden in manchen Fällen noch überdies empfehlen). Jedenfalls: für unsere Methodik als solche genügt vollauf ein phänomenologischer Hauptaufriß und -umriß zur Orientierung des Arztes. Das zweite, sehr wesentliche Hilfsmoment dieser Therapie besteht in der Einschaltung dessen, was ich den autoritären Kreis nenne; will sagen: um einerseits noch um etliches mehr, als es — siehe oben! — ohnedies schon geschieht, jeder allzu weitgehenden Fixation an den Arzt vorzubeugen und um anderseits aus dem Kreise jener, die zur A-fähigen Umwelt des Zöglings gehören (Eltern, Erzieher, Ehegatten, ältere Anverwandte, eventuell ältere Freunde und Kollegen u. dgl.), künftige Gehilfen heranzubilden, mindestens aber, um diese mit dem richtigen Geiste zu erfüllen und durch solche auf sie sich erstreckende pädagogische „Stromschleifen" jedem Entgegenarbeiten des „Hauses" gegen die „Schule" vorzubeugen, wird grundsätzlich ein im Einzelfalle legitimer Repräsentant aus dieser Umwelt verhalten, den einzelnen Schulstunden oder doch dem entscheidenden Teile derselben anzuwohnen, wobei zwischendurch fallweise auch das Wort an ihn gerichtet und methodisch so viel iatrogener Lebens-A, als im Einzelfalle erforderlich ist, bzw. für die im Einzelfalle erforderliche Dauer mit der in ihm bisher schon vorhandenen (eventuell latent gewesenen) genuinen A gegenüber dem Zögling verquickt wird. So wird ein dem Seelenheil des Zöglings fördersames Einvernehmen zwischen Schule und Haus hergestellt, der Zögling bewegt sich auf Behandlungsdauer in einem von einheitlichem Geiste erfüllten autoritären Kreise, seine einzelnen Hirten arbeiten einander nicht entgegen, sondern einträchtig zusammen im Geiste des leitenden ärztlichen Oberhirten. Wer da weiß, wie häuslicher Unverstand, häusliche Besserwisserei, aus Weichlichkeit und Roheit oft sonderbar gemischt, alles psychotherapeutische Mühen in der Sprechstunde des Arztes oft zunichte machen, der wird diese Miterziehung der Umweltrepräsentanten zu tüchtigen, psychotherapeutischen Unteroffizieren bzw. Heilgehilfen gewiß nicht für ganz belanglos halten. Ohne weiteres sei eingeräumt, daß dieses Schema auf gewisse seelisch Feindifferenzierte, Übersensible, Autistische bzw. Schizoide keine Anwendung findet und daß in solchen Fällen Arzt und Zögling aller Zeugen und Helfer besser entraten werden; für die durchschnittliche Masse aber wirkt das Schema nur förderlich, seine anbefohlene Einrichtung hilft oft rapide über Faxigkeit, Zimperlichkeit, Verwöhntheit, Unsoziabilität hinweg; wie oft habe ich dank ihm Eltern und Kinder versöhnt, Ehen saniert u. dgl., wie oft wirkte die Belehrung, daß es falsch, eine unverdiente Kränkung des Zöglings sei, wenn man seinen psychogenen Beschwerden mit dem Worte „Einbildung" begegne, ebenso zweckwidrig aber, sie durch besorgte oder so tuende Beachtung noch zu vergrößern! Freilich, es tut dringend not, die Angehörigen — Eltern und Erzieher Jugendlicher allenfalls ausgenommen — davor zu warnen, daß sie die rauhe Tonart des Arztes etwa mechanisch kopieren: quod licet medico, non licet laico! Der Unterhirte bleibe Patriarchatsgehilfe, mime aber nie patriarchalische Oberhirtlichkeit, deren Attitude nur aus der Distanzierung der in den Geleisen der SAR laufenden Beziehung zwischen dem Arzte und seinem Zögling sittlich, natürlich und daher zweckdienlich wirkt; auch derlei will aber eben praktisch erlernt sein und das erlernt sich nur sub auspiciis medici.

Jeder der Zöglinge schließlich erhält nach Abschluß der Behandlung, die je nach Eigenart des Falles verschieden lange Zeit, im Durchschnitte aber, wie schon bemerkt, kaum je länger als zwei bis drei Monate (der hypnotische Teil davon wieder nur etwa die Hälfte der Zeit) erfordert, die Anweisung, bei Rückfällen sich wiederum zu melden (was bei dem zum größten Teil aus Krankenkassenpatienten eines festen Sprengels bestehenden kasuistischen Material, auf das ich mich stütze, im Bedarfsfalle ja wohl fast stets der Fall ist); er erhält ferner die Anweisung, nach Jahresfrist jedenfalls Kunde von sich zu geben, zu welchem Behufe den Patienten des Krankenkassenambulatoriums ein Bogen ausgefolgt wird, der bestimmte Fragen in knapper, leicht faßlicher Form enthält, die der ehemalige Patient kurz zu beantworten hat. Diese Fragen sind: Welche Erscheinungen bestanden bei Beginn der Behandlung? Wie verhielten sich diese Erscheinungen im Zuge der Behandlung? Wurde die beabsichtigt autoritäre Tonart des Arztes als wohltätig empfunden oder nicht? Bestand während der Behandlungsdauer das Gefühl des Gehorchenmüssens gegenüber dem Arzt oder nicht? Wurde es gegen Ende der Behandlung von einem inneren Gefühl erhöhter Freiheit und Selbständigkeit abgelöst oder nicht? Wurde auch nach Abschluß der Behandlung gelegentlich ein Bedürfnis gefühlt, sich an die ärztliche „Schule" zu erinnern? Kam es zu Rückfällen und eventuell wann? Wurde Laienhypnose strenge vermieden? Ein ansehnlicher Teil der ehemaligen Zöglinge (von den verhältnismäßig wenigen Rezidivfällen abgesehen) hat in der beim Abschiede vereinbarten Form wieder von sich hören lassen; über Einzelheiten wird weiter unten noch berichtet werden. Der Abschied selbst ist grundsätzlich ein allmählicher: zuerst wird die Hypnose (ich hypnotisiere nur oberflächlich und nie mehr als höchstens über eine halbe Stunde, oft kürzer, gelegentlich, bei nach Alter und innerer Struktur zusammenpassenden Fällen gruppenweise mit ebenso gruppenweiser, dabei aber doch die auf Grund der Generalbeichte gewonnenen Einzelheiten bei jedem Einzelzögling individualisierend berücksichtigender, suggestiver, seelenorthopädischer, halb befehls-, halb belehrungsmäßiger Verbaleinschulung im früher dargestellten Sinne) abgebaut und mit ihr der imperativ-rauhe Ton; vorangegangen ist eine allmähliche Distanzierung der einzelnen (in den ersten acht bis zehn Tagen täglichen) Termine (dazwischen oft anfangs anbefohlene kurze telephonische Rapporte); an Stelle der hypnotisch-imperativen Sitzungen tritt dann eine Serie von Terminen, an denen die eingepflanzten Belehrungen in mehr väterlich-ermahnenden, an Logik und Ehrgefühl appellierenden Worten dem Wachbewußtsein in immer erneute Erinnerung gebracht werden; endlich wird der Zögling — durch Wiederzuteilung der seinem Alter und seiner sozialen Stufe adäquaten Anredeprädikate (jüngere Personen bitten übrigens oft spontan, den ihnen wohltuenden „väterlichen" Ton doch beizubehalten) — mit aus pädagogischen Gründen betonter Zäsur aus der Behandlung entlassen, unter der handschlagsmäßig bekräftigten Ermahnung, in Momenten nervöser Anfechtungen automatisch an die „Schule" zurückzudenken, bis alsbald seine zunehmende Willensfestigung auch diese Hilfe entbehrlich machen werde.

Träge, Faxige, Weichliche erhalten die „Peitsche" in Form saftiger Grobheiten und Derbheiten und, wie erwähnt, als äußersten Disziplinarmittels in Form der Androhung, in „Ungnade" zu fallen bzw. aus meiner „Schule" ausgeschlossen zu werden; dieses letztere Mittel hat sich mir — von etlichen Ausnahmen abgesehen — fast immer, auch in der Privatpraxis, wirksam erwiesen; es ist bezeichnend, wie die Zöglinge unserer Kategorie meistens ein tiefes S-Bedürfnis gegen die über ihnen thronende A des Arztführers ihrer Wahl empfinden, solange sie noch nicht gebessert sind; die Androhung dieser äußersten Disziplinierung bringt auch in trägere, faxigere Weichlinge meist Leben und Bewegung. Rebellionen auch gegen die drastischesten Antreibemittel habe ich nicht erlebt; wohl aber mehr als einmal die betont freudig-erlöste Zustimmung seitens der Angehörigen und des Zöglings selber, wenn ich einer faxigen, zimperlichen, verwöhnten und verzogenen Neurose gegenüber Zügel und Peitsche, um bei diesem Bilde zu bleiben, gleich von vornherein kräftig spielen ließ.

Diese ganze hier vorgetragene Methodik mit ihrer weitgehenden Nutzung der im Seelischen so sehr tief verankerten SAR — die der S-Tendenz aller hier in Frage kommenden Neurotischen entspricht, und, das möchte ich hier betonen, auch einer genuinen A-Freude in der Seele des pädagogisch eingestellten Arztes, die an sich transsexual ist — läßt sich ihrem Aufbaue nach natürlich mit den durchgeistigteren Systemen der Psychoanalyse oder der Individualpsychologie nicht vergleichen. Sie kommt anderswo her, sie zielt anderswo hin. Sie kommt nicht aus dem Bedürfnis, die Dinge und das Geschehen zu rationalisieren, sie ist nicht noopsychisch fundiert, sie ist vielmehr thymopsychisch aufgebaut, entstammt dem Bedürfnisse des praktischen Arztes, der helfen will und für den die auf Führer- und Helfertum fundierte A des ärztlichen Patriarchen-Hirten einen ebensolchen Lustgewinn bedeutet wie für seine Schafe-Zöglinge deren S; nur daß weder ihnen S noch ihm A allerletzten Endes Selbstzweck, vielmehr Mittel zum Zweck sind, dessen oberstes Leitmotiv der uralte praktisch-empirisch-medizinische Satz ist: primum non nocere! Für Philosophie bleibt im Rahmen solcher therapeutischer Teleologie kein Raum. Wem oberster Sinn aller Medizin und ihrer pathologisch-wissenschaftlichen Fundamentierung ein reines Rationalisieren ist, wer auch in Pathologie und Therapie das Durchgeistigtere um seiner Geistigkeit willen verehrt, dem wird dies alles, was ich hier ausführe, nichts sagen, der wird Philosophie und Analyse vorziehen. Denn kein Zweifel: geistreicher sind diese! Aber für solche, die auch im Medizinischen nur Geist um des Geistes willen suchen, ist dieses Buch gar nicht geschrieben; es ist geschrieben aus der ärztlichen Praxis und ist geschrieben für die ärztliche Praxis; es ist ein Werk reiner Empirie; und nur für solche ist in aller Medizin Raum.

XII. Zur Charakteristik des behandelten Materials

Und nun noch einiges zur Kasuistik, auf die sich diese Studie stützt.

Zunächst einige allgemeine Bemerkungen über den Inhalt der unterschiedlichen Selbstberichte der Zöglinge.

Es ist ja natürlich selbstverständlich, daß jeder einzelne dieser schriftlichen Selbstberichte irgendwie seine eigene persönliche Note trägt: allein dies vorausgesetzt, ist doch nicht zu verkennen, daß gewisse Momente mit einer gewissen Regelmäßigkeit in einer jeweils größeren Anzahl dieser Beichten wiederkehren.

Das hier verwertete kasuistische Material, welches auf eine Reihe von Jahren zurückreicht, umfaßt während der letzten fünf Jahre in dem von mir geführten Ambulatorium für Nervenkranke zunächst 95 durchbehandelte Neurotische verschiedenen Alters und Geschlechtes (wenn auch überwiegend dem weiblichen angehörig), von denen ein sehr ansehnlicher Teil nach Jahr und Tag katamnestische Berichte geliefert hat. Die vielen nicht im Ambulatorium behandelten Sprechstundenfälle sind dabei nicht mit inbegriffen; der Verlauf gestaltet sich übrigens bei ihnen noch weit günstiger, da die zeitliche Gedrängtheit der Ambulatoriumstätigkeit, die auch beim besten Bemühen der nötigen Individualisierung gewisse Schranken setzt, hier in Wegfall kommt; was namentlich der Mündlichkeit der Lebensbeichten zugute kommt.

Nun aber zunächst, wie beabsichtigt, zu diesen selbst und ihrem Gehalte!

Da spielt vor allem eine der wichtigsten Rollen die fast stereotyp in der erdrückenden Mehrzahl wiederkehrende Klage über häusliche Elendsverhältnisse schon in der Kindheit; die Trias: roher trunksüchtiger Vater (etwas seltener: lieblose Mutter oder Stiefmutter; oder: elternloses Umhergestoßenwerden in der Fremde), tyrannisierte hungernde Familie, frühzeitiger Zwang zu harter oder mühevoller Arbeit unter körperlichen oder seelischen Mißhandlungen und Entbehrungen: sie kehrt auffallend oft wieder als ein entscheidendes, durchaus unkompliziert-transsexuales, tiefe und dauernde Spuren zurücklassendes Kindheits- oder Jugenderlebnis. Die Schilderungen sind (übrigens auch in anderen Belangen) selbst, ja gerade bei dem größtenteils nicht höher vorgebildeten Kassenpatientenmaterial zwischen aller orthographisch-syntaktischen Unbeholfenheit hindurch von ursprünglicher Lebhaftigkeit und Plastizität der Darstellung und oft reichlich durchwürzt mit gleichsam kasuistischen Belegen, so daß von Konventionalismus nicht die Rede sein kann. Man gewinnt vielmehr ganz ungezwungen den Eindruck, daß jenen so brutalen Momenten mit ihrer so gänzlich unsexualen Note denn doch eine lange Zeit einigermaßen vernachlässigte auslösende Bedeutung — versteht sich: immer neben dem grundlegenden Anlagefaktor — wieder zuerkannt werden müßte.

Logisch reihen sich hier die Fälle an mit der namentlich häufig von etwas älteren oder schwächlicheren Frauen, aber nicht so selten auch von Männern, zumal solchen in beamteter Stellung, vorgebrachten Klage über ungemessene Arbeitsüberlastung, Unmöglichkeit zur Erholung und ähnliches mehr. Auch diese Dinge lassen ohne Zwang eine sexuale Note nicht erkennen.

Selbstredend spielt, namentlich bei Personen weiblichen Geschlechtes, amor deceptus im weitesten Sinne des Wortes, von einfachen Enttäuschungen, wie sie der Alltag mit sich bringt — derlei wirkt als nachwirkendes seelisches Dauertrauma wohl nur bei schizoider oder chronisch-depressiver Anlage —, bis zu den brutalsten physischen und moralischen Mißhandlungen durch den Mann oder den Geliebten eine große Rolle. Es ist aber bemerkenswert, daß seelische Traumen dieser Art bei der hier abgehandelten Neurotikergruppe verhältnismäßig unschwer günstig beeinflußbar sind. Selten scheinen darnach unlösbare oder schwer lösbare seelische Konflikte auf, schizoid oder schwerdepressiv Geartete wieder ausgenommen; im allgemeinen pflegt eine glücklichere Wiederverehelichung oder die Eingehung einer harmonischen Gemeinschaft mit einem anderen Manne üble Erfahrungen aus früherer Zeit bzw. deren Reliktkomplexe ziemlich bald zur seelischen Phagozytose zu bringen; nur wenn der (bzw. in der überwiegenden Mehrzahl: die) Kranke vom Regen in die Traufe geraten war, pflegt eine gewisse Summation der Traumen wirksam, eventuell sogar die „bessere" alte Zeit noch idealisiert zu werden. Kompliziertere Sexualkonflikte scheinen, zumal bei Frauen und Mädchen der arbeitenden (auch der in halbintellektuellen Berufen, wie etwa dem kontoristischen, modistischen und in anderen arbeitenden) Schichten, verhältnismäßig selten zu sein; namentlich sobald der erste Sturm vorüber ist und die materiellen Nöte des Lebens ihr Recht heischen; der Mann, der der Indikation: primum non nocere nachkommt, vollends jener, der das Weib gut behandelt, ist in der Regel der „brave" Mann: der es schlägt oder materiell verkürzt, in der Regel das Gegenteil[1]). Über Sexualia wird meist recht offenherzig berichtet; aber bei über die erste Blüte hinaus gelangten Frauen und Mädchen

[1]) Immerhin gibt es Fälle, wo diese glatte Rechnung nicht so ganz stimmt; das liegt an der Individualität des betreffenden Weibes.

pflegen sie hier keine zu sehr komplexverursachende bzw. neurotisierende Rolle zu spielen; „das ist mir verhältnismäßig gleichgültig", „ich bin nicht so", „mir ist am liebsten, wenn ich Ruh' hab'", „wenn man von der Arbeit müde ist, liegt einem daran nicht viel", das sind so typische Stellungnahmen weiblicher Zöglinge zu den Sexualdingen; kein Nein, keine unbedingte Gleichgültigkeit, ganz gewiß nicht, von den Frigiden sensu stricto abgesehen; aber auch kein unbedingtes Verlangen und keine Kompliziertheiten im Gebiete sexualen Fühlens: das ist die Grundnote in allen diesen Schichten; Ja, ja; Nein, nein; es gibt wichtigere Lebenswerte .....! Selbst eheliche Untreue des Mannes wird oft verhältnismäßig leicht verziehen. Ödipuskomplexe und was darum sich gruppiert, wurden nur dann und wann erhoben; häufiger schon war die Angabe, daß sich ein verrohter Vater an der Tochter zu vergreifen suchte, namentlich nach längerer Trennung. Orthodoxe Analytiker werden sagen, meine schlichte Erhebungsmethodik beweise nichts; ich entgegne, daß auch im Seelischen, was nicht klar und greifbar aufscheint oder nicht polyempirisch erschlossen ist, sondern erst erdeutet werden muß, keinen strikten wissenschaftlichen Beweiswert besitzt. Ich fand dahingegen, daß für manche Frauen der Verlust eines Kindes, zumal wenn es das einzige oder sonstwie geliebt war, ein schweres und nachhaltig wirkendes psychisches Trauma bedeutet, schwerer und nachhaltiger zuweilen als Enttäuschungen mit irgendeinem Amator. In anderen Fällen wieder bestand eine pathologisch gesteigerte Anhänglichkeit an Eltern, an Freundinnen, deren Verlust zu tief und zu lange nachwirkte; letztere mag manchmal sexuale Tönung haben.

Der Krieg mit seinen Folgen und die spezifischen Geschehnisse und Gestaltungen der Nachkriegszeit, die Arbeitslosigkeit, nicht zuletzt die Wohnungsnot, der Zwang des Beisammenwohnenmüssens junger Eheleute mit den Schwiegereltern oder anderseits bereits geschiedenen Ehegatten miteinander, das alles (vgl. z. B. hiezu auch die Arbeit von M. Herz) wirkte und wirkt bekanntlich oftmals neurotisierend; auch unter meinem Materiale figuriert derlei in mehreren Fällen unter den auslösenden Momenten, wenigstens als Teilfaktor.

Körperliche Krankheiten, zumal eine Häufung solcher (gelegentlich auch die seelische Reaktion auf Luesinfektion, insonderheit bei Frauen), werden gleichfalls oft mit Recht angeschuldigt; ebenso gelegentlich einmal Unfälle, zumal Schädeltraumen, und zwar auch ohne begehrungsneurotischen Hintergrund.

Gegen das weibliche Klimakterium zu wirkt neben diesem selbst und durch seinen Hintergrund getönt die innere Bilanz eines verfehlten — nicht nur sexuell verfehlten —, bitteren, freudlosen Lebens bei vertrockneten und verhärmten Frauenspersonen, zumal alten einsamen Mädchen in nicht wenigen Fällen deutlich neurotisierend; recht bezeichnender Weise aber wirkt oft schon die bloße Tatsache des verständnisvollen Eingehens und Sichbeschäftigens mit solchen unglückseligen Geschöpfen günstig ein; und unter energischer, doch wohlwollender Zügelführung leben sie seelisch, zuweilen selbst in ihrem vegetativen

Turgor, soweit dies nach dem äußerlichen Aspekt feststellbar ist, sichtlich auf.

Selbstredend gibt es noch mannigfache andere auslösende Momente. Und selbstredend findet sich recht gewöhnlich eine Häufung solcher, nicht nur in den so vielerlei seelischen und physischen Noxen ausgesetzten unteren Schichten der Bevölkerung. Das ist ja nicht neu. Zuzugeben ist, daß man bei gebildeteren Patienten häufiger Abweichungen von jener Typisierung findet, die man bei minder gebildeten Vertretern und Vertreterinnen der unteren Schichten so gewöhnlich verzeichnet; und gerade in diesen oberen Schichten spielen dann sexuale Traumen — im weitesten Wortsinne — eine größere Rolle als in den Unterschichten; was nur ein Beweis mehr für den ursprünglicheren Charakter der transsexualen Komponenten alles Neurotischen zu sein scheint; minder kompliziert geschichtete Menschen sind auch als Neurotiker weit weniger sexual determiniert, sie nähern sich in etwas den Primitiven und den Tieren, für die das Sexuale wohl eine ihrer verschiedenen innerseelischen Determinanten ist, aber, je tiefer wir hinabsteigen, desto weniger eine der wichtigsten, ja auch nur oberseelischen. Einer der Konstruktionsfehler aller einseitigen Sexualtheorien des Neurotischen ist ja der, daß sie Befunde, die an dem neurotischen Material aus bestimmten, seelisch einseitig auf eine übrigens in vielen Stücken schon an und für sich auswüchsig-abartige Geistigkeit abgestimmten Umwelten gewonnen waren, generalisieren zu müssen glauben; was mangels zwingender, unmittelbar und phänomenologisch evidenter Beweise eben nur durch gewagte Deutungen möglich ist.

Diese Feststellung darf aber beileibe nicht dahin verstanden werden, als sei unsere großstädtische Unterschicht seelisch durchgehends primitiv geschichtet; es finden sich darunter schon manche komplexere, raffiniertere Naturen, manches Exemplar, an dem die Psychoanalyse ihre Genugtuung haben könnte; nicht nur männlichen, sondern auch weiblichen Geschlechtes. Viel wesentlicher als dies aber erscheint mir etwas anderes, und das scheint weniger allgemein bekannt oder doch mindestens weniger allgemein gewürdigt zu sein: es ist mir nämlich nicht nur bei einzelnen intelligenten männlichen, sondern gerade auch bei einigen weiblichen Zöglingen aufgefallen, daß in ihren Lebensbeichten die Angabe vorkam, durch ihr Dasein zöge sich das schwere seelische Trauma, daß sie, nach Höherem, nach Bildung und Kultur, nach aufwärts strebend, durch den Druck der äußeren Verhältnisse in den Niederungen festgehalten worden seien; zugegeben, daß dahinter in einzelnen dieser Fälle hysterische oder gar schizoide Überspanntheit steckte; allein in der Mehrzahl dieser, aber auch in manchem anderen äußerlich minder beholfenem oder beredtem Falle fiel mir in der Tat eine auch im schriftlichen (weniger im mündlichen) Stile sich verratende Durchgeistigung des Ausdrucks, eine von tieferer Fühlsdifferenziertheit zeugende Plastizität des Stiles (siehe auch oben) auf, die mir wieder einmal dartat, was ich schon vor Jahren bei einer ganz anderen Gelegenheit (in einer Studie über die Heranbildung des Pflegepersonales) bemerkt habe: daß in den

Unterschichten unseres Volkes gar nicht so selten Individuen sich finden, die, zeitgerecht richtig erzogen, unzweifelhaft auf eine weit höhere Stufe hätten emporsteigen können. Um diese wertvollen Elemente mit ihren latenten, im Schmutze des Großstadtschlamms zugrunde gehenden geistigen und gemütlichen Veranlagungen ist es heute mehr denn je schade; in der Masse des Großstadtproletariats müssen sie verkümmern, ihre Erbmasse taucht, wenn überhaupt ausgenützt, im Bodenlosen, Undifferenzierten, wo nicht gar im Sumpfe des schlimmsten sozialbiologischen Minusvariantentums unter. Und wie dankbar sind gerade diese Elemente für ein bischen Güte und Verstehen, wie ganz besonders gehorsam und ergeben beugen gerade sie sich der A des ärztlichen Führers! Das gilt von Männern dieser Art so gut wie von Frauen, für den selbstbewußt tuenden Betriebsrat ganz ebenso wie für manches sehr massive und rassige Frauenzimmer, deren trotzigem und derbkokettem äußeren Auftreten man die S-erfüllte, zarte innere Demut nicht zumuten würde, mit der sie der gebietenden Geste des Erziehers freudig gehorcht, der ihr innerstes Streben nach oben hin entdeckt und die bis dahin latenten wertvollen Seelenregungen, auch im Rahmen ihres drangvollen äußeren Seins, in ihr zu beleben wußte. Wie kein zweiter ist hier der Arzt zum Erzieher und Veredler bestimmt.

Es bedeutete lediglich Raumverschwendung, die bis auf die angegebenen Momente Besonderheiten nicht darbietende Kasuistik in extenso mitzuteilen. In welchen Grenzen das verarbeitete bzw. im Geleise der SAR-Methodik verarbeitete Material sich hielt, welcher Struktur es war, wurde ja bereits mitgeteilt; darüber hinausgehende Einzelheiten kasuistischer Natur würden naturnotwendigerweise als Banalitäten wirken, da bis auf die angeführten, mehr typisch als individuell belangreichen Besonderungen durchaus nur von Durchschnittsmaterial die Rede ist; nicht auf dieses selbst kommt es aber hier an, sondern auf die psychotherapeutische Methodik und ihre Fundamentierung.

Wie schon erwähnt, steht der Überzahl von günstigen Ergebnissen selbstredend auch eine Minderzahl gegenüber, in denen von einem günstigen Ergebnisse nicht gesprochen werden kann. Vier von meinen Fällen verzeichneten nur eine kurz währende und prekäre Besserung. Ein ausgesprochener Fehlschlag war von 95 Kassen-Fällen, die ich als genauer durchgearbeitete bezeichnen kann und von denen die jüngsten wenigstens seit mehreren Monaten zu Ende behandelt sind, nur in einem einzigen Falle zu verzeichnen (dem sich ein anderer Fall aus meiner Sprechstundenpraxis anreiht); es handelte sich um ein Mädchen in den zwanziger Jahren mit angst- und gefäßneurotischen Erscheinungen (Erröten) und Kopfschmerzen; Anamnese ohne Besonderheiten: Gedrückte Kindheit, früh einsetzender Arbeitszwang, Tod des Bräutigams, Angst, wegen des Errötens sich anderen Männern zu nähern, einsames Leben mit der kränklichen Mutter; in diesem Falle ergab die Katamnese, daß die Behandlung völlig versagt hatte (bei der oben erwähnten Sprechstundenpatientin handelte es sich um eine gebildete Hysterika in den Dreißigerjahren, die — eine rara avis — schon nach der ersten Sitzung dezidiert erklärte, daß sie Tonart und Tenor der Therapie ablehnen müsse). Derlei Ausnahmefälle — etwas anderes sind sie ja nicht — gemahnen immerhin an die jeder Art psychotherapeutischer Methodik gezogenen Grenzen; sie sind durch die Eigenart gewisser individueller Besonderungen gegeben; sie rechtzeitig auszusondern und ihrer individuellen Art gerecht zu werden, ist gewiß keine immer so ganz leichte Aufgabe, ihre Lösung erfordert Diplomatie, vor allem aber genaue Beobachtung gewisser Einzelzüge. Vor allem aber: man darf über keiner Art psychischer Behandlung der notwendigen körperlichen Therapie vergessen[1]). Wie man in früheren Zeitläuften über allzuviel somatotherapeutischer Polypragmasie der Seele des Neurotikers oft genug vergessen hat, so geschieht es oft heute vor lauter Psychotherapie wieder umgekehrt bezüglich der körperlichen Grundlagen der Neurose. Den extremen „Psychikern" kann nur aufs eindringlichste das Studium der jüngsten Referate über das Neurosenthema von Bumke und von Redlich empfohlen werden; so sind etwa beispielsweise auch die Bestrebungen Dattners nach einer körperlichen, insbesondere somatotherapeutischen Erfassung der Neurosen — mögen sie im einzelnen auch manche Kritik herausfordern — in ihrer Grundidee aus den nämlichen Gründen begrüßenswert. Ich habe vor kurzem eine gelinde Hysterie mit zum Teil gefäßneurotischen und anderen somatischen Symptomen nach der SAR-Methode behandelt, aber trotz aufrichtiger S-Bereitschaft der Patientin mit bloß halbem Erfolge; als man dann eine konsequente intravenöse Kalziumtherapie einschaltete, ging es rasch erheblich besser; seither behandle ich diesen Fall kombiniert, ich injiziere von Zeit zu Zeit einen Turnus Afenil und erinnere die Patientin ab und zu an die Zeit der „Schule"; diese Kombination bewährt sich. Auch derlei Erfahrungen — sie ließen sich beliebig vermehren — erinnern an die uralte ärztliche Regel, sich vor jeder Einseitigkeit sorgsam zu hüten; doch dieser Satz, so selbstverständlich er ist, entgeht nur zu oft den Nur-Psychikern unter den Psychotherapeuten, nicht bloß den Sexualtheoretikern unter ihnen. Die SAR ist eine wohltätige Atmosphäre für die Therapie. Sehr oft genügt diese Atmosphäre, diese seelische Luftkur allein; manchmal aber bedarf es der Zusätze zu dieser Kur; der jeweils richtigen Zusätze natürlich.

Den Fehlschlägen stehen 19 Fälle gegenüber, bei denen es trotz gravierender Vorgeschichte zu einer durchgreifenden und Jahre anhaltenden Veränderung ad melius — von „Heilungen" einer veritablen Neurose zu sprechen ist bei der charakterologischen Fundierung der meisten irgendwie ausgeprägteren Neurosen eigentlich etwas Prekäres, daher ich dies grundsätzlich vermeide — gekommen ist, die praktisch als völlige oder als nahezu völlige Heilung imponiert; und das nach einer SAR-Behandlung in der Dauer weniger Wochen mit nur zu Beginn täglichen und hypnotischen Sitzungen.

---

[1]) Das gilt zumal bei Erschöpfungsätiologie oder doch bei Einschlägen solcher.

In der überwiegenden Mehrzahl der Fälle stellte sich jener Zustand ein, den zu erzielen im Grunde Aufgabe und Zweck jeder rationellen praktischen Psychotherapie sein muß: die ehemaligen Patienten verblieben natürlich im Besitze ihres an sich anfälligen Charakters, den keine Art Psychotherapie umändern kann, weil er etwas Immanentes, Konstitutionelles und nicht bloß Konditionales und Erlebnisbedingtes darstellt; allein unbeschadet dessen und der dadurch bedingten Neigung zu Rezidivanwandlungen — man denke daran, daß, wie zumal Bonhöffer dartun und später auch ich bestätigen konnte, ein sehr großer Teil aller Neurotiker zu endogenen, zyklothymieartigen Verlaufs- und Symptomschwankungen neigt — können die Vertreter dieser Hauptgruppe nunmehr leichter und aus eigener Kraft über ihre Beschwerden und inneren Anfechtungen hinweg und diese sind ungleich schwächer und seltener: kurz, es ist jene Anpassung eingetreten, die wiederum praktisch auf das hinausläuft, was andere Heilung nennen, und die beim Neurotiker zu schaffen das Wichtigste aller Psychotherapie ist. Sie sind demnach ebenso als günstig verlaufen zu qualifizieren. Ein kleinerer Teil unter dieser Gruppe hat, meist nach etwa Jahresfrist, das Bedürfnis nach einer — kurzen — Behandlungsreprise geoffenbart; das Bedürfnis nach einer weiteren Reprise sah ich nur vereinzelt.

Dieser ungeschminkte Bericht tut wohl hinreichend dar, was und wieviel die Nutzung der SAR, der tief im Seelischen verankerten S-Tendenz der meisten Menschen und der A-Fähigkeit und A-Freude einer kleinen, aber zielstrebigen, zum Lenken und Erziehen ihrer Mitmenschen bestimmten Minderheit für das Seelenheil — das Wort vor allem medizinisch-psychologisch verstanden — der Herdenmenschen zu leisten vermag. Mir will es nach meinen Erfahrungen scheinen: daß für die Pluralitäten — und zum Pluraltypus gehört die erdrückende Überzahl aller Menschen und insonderheit aller sich und andere noch so interessant dünkenden Neurotiker — die SAR-Methodik in ihrer durchschlagenden, vor allem an Thymopsychisches appellierenden Schlichtheit den einfachsten, geradlinigsten, kürzesten Modus der Psychotherapie darstelle; daneben haben andere Methodiken sicherlich für Einzelfälle, Einzelgruppen ihren Wert; aber auch sie werden oft der Einbettung in die SAR bedürfen. Bleibt noch die Frage offen: Ist die Technik der SAR-Nutzung erlernbar wie jene anderer Methoden? Nun, sie ist gewiß erlernbar; aber immerhin setzt sie Persönlichkeit voraus, Persönlichkeit in dem Sinne, daß in ihr A-Fähigkeit und A-Freude, wenigstens ad hoc, vorhanden seien und eine autogene, transsexuale Freude an ärztlichem Imperialismus, wie ich das schon früher einmal genannt habe, eine Freude an erziehlich-organisatorisch-befürsorgendem Schaffen und an der Setzung und Propagierung von Werten seelischer Hygiene (auch im Sinne der von Sommer geleiteten Bewegung), die irgendwie mit (Möbius, Gaupp, Kollarits, ich und andere) staatsmännischer Führerfreude zusammenhängt und die S-Tendenz der anderen im Sinne reziproker Triebhaftigkeit an sich zieht. In diesem Sinne gilt auch für den Arzt als Psychotherapeuten: non solum fit, sed etiam nascitur.

Literaturverzeichnis

Albrecht: Der aneth. Symptomenkomplex. In Bonhöffers Sammlung. H. 12.

Allers: Über Psychoanalyse, in Bonhöffers Sammlung, H. 16. Berlin.

Aschaffenburg: Geltungsbedürftige und Geltungssüchtige. Zeitschr. f. d. ges. Neurol. u. Psychiatrie, Bd. 58.

Berze: Aussprache zu den Referaten Schilder-Stransky, s. Jahrb. f. Psychiatrie, Bd. 42, Sitzungsberichte.

Beth: Religion und Magie. Leipzig-Berlin. 1927.

Birnbaum und Mitarbeiter: Die psych. Heilmethoden. Leipzig. 1927.

Birt: Charakterbilder Spätroms. Leipzig. 1919.

Bleuler: Das aut.-undiszipl. Denken. Berlin. 1919. — Affektivität, Suggestibilität, Paranoia, 1. Aufl. Halle.

Book: Ref. Zeitschr. f. Psychol. u. Physiol. d. Sinnesorg.

Bresler: Psychiatr.-neurol. Wochenschr. 1926 (Kritisches Referat).

Bühler, Ch.: Das Seelenleben der Jugendlichen. Jena. 1925.

Bumke: Innsbrucker Naturforscherversammlung. Karlsbader Fortbildungskurse 1927, Jena: G. Fischer. 1928.

Dattner: Zeitschr. f. d. ges. Neurol. u. Psychiatrie, Bd. 104; ibidem, Bd. 111.

Gaupp: Bl. f. Volksgesundheitspflege, 19. Jahrg.

Groß: Wien. med. Wochenschr. 1927.

Hartmann, H.: Die Grundlagen der Psychoanalyse. Leipzig. 1927.

Honigmann: Zit. n. Zentralbl. f. d. ges. Neurol. u. Psychiatrie, Bd. 30.

Jaspers: Allg. Psychopathol. Berlin. 1920.

Kafka: Handbuch d. vgl. Psychologie. München. 1922 (Abschnitte von A. Fischer, R. Thurnwald, G. Runze).

Katz: ibidem; Zeitschr. f. Psychol. u. Physiol., Bd. 88.

Kauders: Keimdrüse, Sexualität und Zentralnervensystem. Berlin. 1928.

Kehrer: Zeitschr. f. d. ges. Neurol. u. Psychiatrie, Referate, Bd. 12.

Kleist: Innsbrucker Naturforscherversammlung (Referat).

Kogerer: Psychotherapie der Psychosen. Zeitschr. f. d. ges. Neurol. u. Psychiatrie, Bd. 96; Psychotherapie. Wien. med. Wochenschr. 1927; Wien. klin. Wochenschr. 1924; ibidem 1927; Bericht über die Innsbrucker Naturforscherversammlung.

Kollarits: Zeitschr. f. d. ges. Neurol. u. Psychiatrie, Bd. 66.

Kraepelin und Lange: Psychiatrie. Leipzig. 1927.

Kretschmer: Körperbau und Charakter.

Kronfeld: Monatsschr. f. Psychiatrie u. Neurol., Bd. 52; die Psychol. i. d. Psychiatrie. Berlin. 1927; Psychotherapie. Berlin. 1924.

Lange: Die Behandlung der Kriegsneurosen (in Lewandowsky-Bumke-Förster, Handbuch der Neurologie, Bd. V).

Lenz, Fr. in Baur-Fischer-Lenz, Grundriß der menschlichen Erblichkeitslehre und Rassenhygiene. München. 1921; Arch. f. Rassenbiol. 197.

Liek: Der Arzt und seine Sendung. München. 1927.

Moll: Der Hypnotismus. Berlin. 1924.

Neutra: Seelenmechanik und Hysterie. Leipzig. 1920.

Placzek: Freundschaft und Sexualität.

Raimann: Die hysterische Frau. Wien. med. Wochenschr. 1922; Über Verwahrlosung, ibidem 1923.
Redlich-Bumke: Revision der Neurosenfrage. Referat i. d. Versammlung deutscher Nervenärzte Cassel 1925.
Roffenstein, G.: Zur Psychologie und Psychopathologie der Gegenwartsgeschichte. Bern-Leipzig. 1921 (in Morgenthalers Sammlung); Die Adlersche Individualpsychologie und Soziologie, Zeitschr. f. Völkerpsychologie u. Soziologie, 2. Jahrg.; Die Adlersche Individualpsychologie und das Problem der Deutung. Psychologie u. Medizin, Bd. I; Das soziologische Problem der Gleichheit. Zeitschr. f. d. ges. Neurol. u. Psychiatrie, Bd. 13.
Schilder und Kauders: Lehrbuch der Hypnose. Wien-Berlin. 1926.
Schilder-Stransky: Die neue Richtung in der Psychopathologie. Monatsschr. f. Psychiatrie u. Neurol. 1921.
Schjelderup-Ebbe: Die Sozialordnung der Vögel. Zeitschr. f. Psychol. u. Physiol., Bd. 95 (s. auch andere einschlägige Arbeiten d. Verfassers).
Schneider, K.: Die psychopath. Persönlichkeiten, in Aschaffenburgs Handbuch der Psychiatrie. Leipzig-Wien. 1923.
Schultz: Die seelische Krankenbehandlung. Jena. 1923.
Sommer: Klin. Wochenschr., 3. Jahrg.
Spann, O.: Gesellschaftslehre. Leipzig. 1923.
Spielmann: Diagnose der Geisteskrankheiten. Wien. 1855.
Spranger: Psych. d. Jugendalters. Leipzig. 1924.
Stransky:[1]) Jahrb. f. Psychiatrie, Bd. 24, 1903; Zentralbl. f. Nervenheilk. u. Psychiatrie, 1904; Neurol. Zentralbl., 1904; Sammlung zwangloser Abhandlungen v. Hoche. Halle. 1905; Psychiatr. neurol. Wochenschr. 1906; Abteilung 6, Spez. Teil d. Aschaffenburgschen Handbuches. Leipzig-Wien. 1911; Zeitschr. f. d. ges. Neurol. u. Psychiatrie, Bd. 8; Lehrbuch der Psychiatrie. Leipzig. 1914 bis 1919; Jahrb. f. Psychiatrie, Bd. 36; Wien. klin. Wochenschr. 1916; Wien. med. Wochenschr. 1917; Allg. Zeitschr. f. Psychiatrie, Jahrg. 24; Psychiatr.-neurol. Wochenschr. 1918/19; Zeitschr. f. d. ges. Neurol. u. Psychiatrie, Bd. 43; Wien. med. Wochenschr. 1919 (mehrmals); Zeitschr. f. d. ges. Neurol. u. Psychiatrie, Bd. 60; Wien. med. Wochenschr. 1921; Morgenthalers Sammlung. Bern-Leipzig. 1921; Monatsschr. f. Psychiatrie u. Neurol., Bd. 52; Wien. med. Wochenschr. 1923; Jahreskurse f. ärztl. Fortbildung, 1923; Monatsschr. f. Psychiatrie u. Neurol., Bd. 53; Laubers Handbuch der Berufsberatung (Psychiatr. Teil); Wien. med. Wochenschr. 1924; Halban-Seitz: Biologie und Pathologie des Weibes (Med. Psychol. usw.); Wien. med. Wochenschr. 1925; Wien. med. Wochenschr. 1926; Zeitschr. f. d. ges. Neurol. u. Psychiatrie, Bd. 104; Herschmann-Höpler-Neureiters Sammlung (d. i. Werkstatt d. Psychiatrie). Wien. 1926; Beil. z. Wien. klin. Wochenschr. 1927; Wien. med. Wochenschr. 1927.
Van de Velde: Die Abneigung in der Ehe. Leipzig-Stuttgart. 1928.
Wagner-Jauregg: Wien. klin. Wochenschr. 1915.
Walthard: In Halban-Seitz: Biologie und Pathologie des Weibes. Berlin-Wien: Urban & Schwarzenberg.
Weber, M.: Grundriß der Sozialökomonie. Tübingen. 1922.

[1]) Mehrere dieser Arbeiten sind außerhalb Österreichs nicht bekannt.

Abhandlungen aus dem Gesamtgebiet der Medizin

Herausgegeben von der Schriftleitung der „Wiener klinischen Wochenschrift"

Therapie der organischen Nervenkrankheiten. Von Privatdozent Dr. **Max Schacherl,** Vorstand der Neuroluesstation am Kaiser Franz Joseph-Spital in Wien. 141 Seiten. 1927. RM 6,90

Klinische und Liquordiagnostik der Rückenmarkstumoren. Von Doktor **Karl Grosz,** Assistent der Universitätsklinik für Psychiatrie und Nervenkrankheiten in Wien. 126 Seiten. 1925. RM 6,90

Die akute Mittelohrentzündung als Kinderkrankheit. Von Dr. **Adolf Fr. Hecht,** Privatdozent für Kinderheilkunde an der Universität Wien. Mit 17 Abbildungen und 6 Tabellen im Text. 130 Seiten. 1928. RM 7,80

Die Wechseljahre der Frau. Von Privatdozent Dr. **Hans Zacherl,** Assistent der Universitäts-Frauenklinik in Graz. Mit 1 Textabbildung. 133 Seiten. 1928. RM 7,50

Die Malariatherapie der Syphilis. Von Dr. **Josef Matuschka** und Dr. **Rudolf Rosner,** Wien. 88 Seiten. 1927. RM 4,80

Der Kraftwechsel des Kindes. Von Dr. **Egon Helmreich,** Assistent an der Universitäts-Kinderklinik in Wien. Mit 21 Abbildungen und 18 Tabellen im Text. 119 Seiten. 1927. RM 6,90

Schrumpfniere und Hochdruck. Von Dr. **A. Sachs,** Assistent der I. medizinischen Abteilung des Allg. Krankenhauses in Wien. 55 Seiten. 1927. RM 3,60

Herzhinterwand und ösophageale Auskultation. Von Dr. **S. Bondi,** Privatdozent für innere Medizin an der Universität Wien. Mit 32 Textabbildungen. 120 Seiten. 1927. RM 8,40

Die Unfruchtbarkeit der Frau. Bedeutung der Eileiterdurchblasung für die Erkennung der Ursachen, die Voraussage und die Behandlung. Von Prof. Dr. **Erwin Graff,** Wien. Mit 2 Abbildungen im Text. 100 Seiten. 1926. RM 6,90

Der heutige Stand der Lehre von den Geschwülsten. Von Prof. Doktor **Carl Sternberg,** Wien. Zweite, völlig umgearbeitete und erweiterte Auflage. Mit 21 Textabbildungen. 142 Seiten. 1926. RM 7,50

Die Biochemie des Karzinoms. Von Dr. **Gisa Kaminer,** Adjunkt der Karzinomstation der Rudolf-Stiftung, Wien. 57 Seiten. 1926. RM 3,60

Die Haut als Testobjekt. Von Privatdozent Dr. **Adolf F. Hecht,** Wien. Mit 7, davon 6 farbigen Abbildungen. 87 Seiten. 1925. RM 6,30

Die Bluttransfusion. Von Privatdozent Dr. **Burghard Breitner,** I. Assistent der I. chirurgischen Universitätsklinik in Wien. Mit 24 Textabbildungen. 118 Seiten. 1926. RM 6,90

Die paravertebrale Injektion. Von Dr. **Felix Mandl,** Assistent der II. chirurgischen Universitätsklinik in Wien. Mit 8 Textabbildungen. 120 Seiten. 1926. RM 6,60

Emphysem und Emphysemherz. Klinik und Therapie. Von Prof. Dr. **Nikolaus Jagić** und Dr. **Gustav Spengler,** Wien. 42 Seiten. 1924. RM 1,50

Die oligodynamische Wirkung der Metalle und Metallsalze. Von Privatdozent Dr. **Paul Saxl,** Wien. 57 Seiten. 1924. RM 1,70

Herz- und Gefäßmittel, Diuretica und Specifica. Von Dr. **Rudolf Fleckseder,** Privatdozent an der Universität Wien. 111 Seiten. 1923. RM 3,—

Die funktionelle Albuminurie und Nephritis im Kindesalter. Von Professor Dr. **Ludwig Jehle,** Vorstand der Kinderabteilung der Wiener Allgemeinen Poliklinik. Mit 2 Abbildungen. 68 Seiten. 1923. RM 1,50

Die klinische Bedeutung der Hämaturie. Von Professor Dr. **Hans Rubritius,** Vorstand der urologischen Abteilung der Allgemeinen Poliklinik in Wien. 34 Seiten. 1923. RM 1,05

Die Abonnenten der „Wiener klinischen Wochenschrift" sind berechtigt, die „Abhandlungen aus dem Gesamtgebiet der Medizin" zu einem um 10% ermäßigten Vorzugspreis zu beziehen.

GPSR Compliance

The European Union's (EU) General Product Safety Regulation (GPSR) is a set of rules that requires consumer products to be safe and our obligations to ensure this.

If you have any concerns about our products, you can contact us on ProductSafety@springernature.com

In case Publisher is established outside the EU, the EU authorized representative is:

Springer Nature Customer Service Center GmbH
Europaplatz 3
69115 Heidelberg, Germany

Batch number: 10816188

Printed by Printforce, the Netherlands